三國時期

發生數百場大小戰役

尤以官渡之戰及赤壁之戰

為以謀取勝的經典

鴻文館文化工作室　策劃

黃景強　監製

三國傳真

官渡之戰與曹操稱雄北方

第二冊

陳萬雄 編著

李鈞杰 劉集民 編著助理

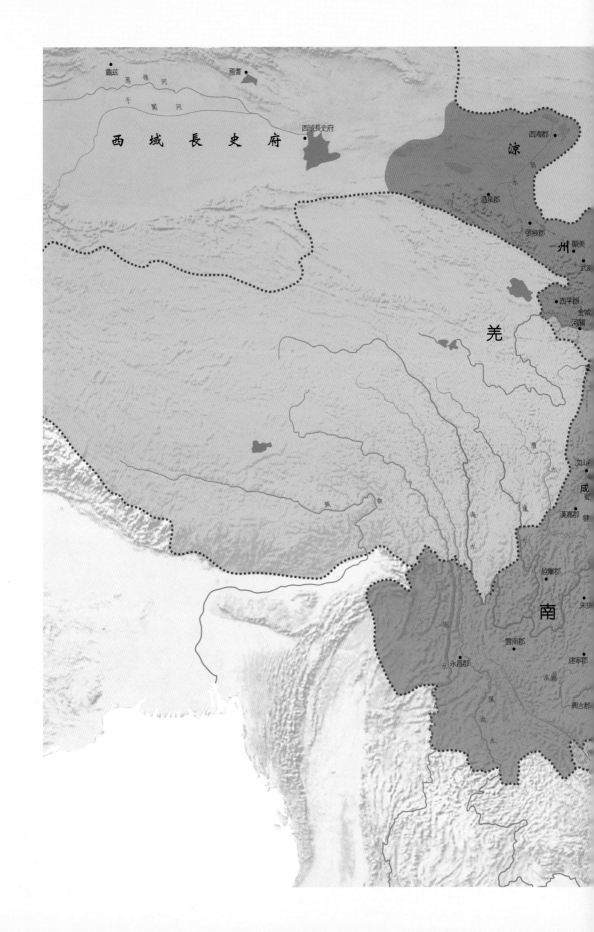

〈一〉何以「三國」

距今接近 2000 年前的「三國時代」^(註一)，是最為人熟悉的一段中國歷史。其中的不少人物和事件，都耳熟能詳。在悠久的中國歷史長河中，不到百年時間的三國時代，不過一瞬間而已。三國時代，政局動蕩，社會紛亂，民不聊生，是名副其實的「亂世」。但是，這不到百年時間的「三國」，波譎雲詭的政局，驚濤駭浪的戰爭，豐富多彩的文化，輩出的英雄俊彥，驚心動魄的逞強鬥智，儀態萬千的人物行狀，是歷史上所罕見的。

一說「三國」，一般人容易混淆了「三國歷史」、《三國志》和《三國演義》三者的關係。「三國歷史」，是中國歷史上的一個時期；《三國志》，是一部史學名著；《三國演義》，是一部文學作品。

不足百年的三國歷史，竟讓大眾有莫大的興趣，喜聽樂聞，除了歷史自身的波瀾壯闊外，應歸功於陳壽的《三國志》與羅貫中的《三國演義》。《三國志》與《三國演義》二書雖然性質不同，在傳播三國歷史方面卻同樣起了很大的作用。前者是一部歷史著作，屬著名的史學經典「四史」之一。後者是一部歷史小說，屬古典文學的著作，乃中國著名「四大小說」之一。陳壽的《三國志》，部頭雖然不大，卻精簡可讀，被譽為良史。正如近代著名學者白壽彝先生評論的，陳壽對於三國歷史，有一個總攬全局的看法。軍事、政治及人世三層架構並重，氣宇宏大，引人入勝。加上為《三國志》作註釋、文字等量的「裴松之註」，在史料的增

（註 1）　「三國時代」是指東漢末年到西晉間的一個歷史時期。由於理解上的不同，對「三國時代」年份的起始，有不同看法。

補、辨證、存異、評議等方面，為《三國志》作出了卓越的貢獻。同時，裴松之的註釋，為後世的研讀者，增添了對三國歷史可辯可議、可考實可附麗的空間。

至於作為歷史小說的《三國演義》，也正如清代著名史學家趙翼所指出的，它是在《三國志》和裴松之註釋的基礎上，以七分的歷史真實，以三分的虛構誇飾敷衍而成的。三國的故事，先以「說書」等形式在坊間流傳，最後演變而成羅貫中撰寫的《三國演義》，其源有自，這裏就不細說了。受流行了幾百年的《三國演義》的影響，以至社會上的大多數人，自覺與不自覺，會將三國歷史與小說演義混同起來。

歷史上，在中國、日本和韓國，同樣出現過一些飽學之士，應科舉的學子，竟以《三國演義》的故事去附會三國真實歷史的情況。能釐然知道兩者之間的異同差別，分別看待，只能是一些歷史專家。由此可見《三國演義》與《三國志》兩者之間的密切程度，也反映了《三國演義》對社會大眾認識三國歷史，影響的深遠。鑒於情況普遍，近年中、日、韓關於三國的新著作，常常要對涉及《三國演義》容易混淆的情節，予以澄清和說明。

〈二〉千年的「文化現象」

中國的歷史與典籍，論傳播之久遠，流通之廣泛，讀者之眾多，時代生命力的煥發不斷，三國歷史和三國故事，相信是無出其右者。

「文化現象」，是指社會上一時浮現的文娛熱點。三國歷史和《三國演義》廣泛地流行了近 1500 年，至今不衰，駸駸然一直是社會的文娛熱點，是名副其實的千年「文化現象」。中外都有流傳千年甚至是幾千年的經典，「流傳」與「流行」是不同的。

「三國」之流行：形式豐富，見於各類圖書、舞台歌劇、影視網絡、動漫遊戲等，應有盡有；內容層次很多元，遍及學術著述、文化知識、通俗讀物、童書漫畫，適合不同程度的讀者。「三國」和《三國演義》的風行，不拘限於中國人和華人的地區，也風行於歷史上曾深受中國文化影響的韓、日等國。日、韓兩國關於三國的著作和各種媒體的出品，歷久不衰，甚至不亞於中國。因而，中、日、韓關於「三國」的各類文化娛樂產品的創作，源源不絕，蔚然成為「東亞三國」豐富多彩、令人目不暇接的「文化產業」。

〈三〉 「三國」的魅力

由「三國時代」、《三國志》和《三國演義》三位一體的組合，所以能打造出流行千年的「文化現象」，歷久常新，感動不同時代的人們，最大的魅力是三國是歷史的，同時也是現世的。閱讀和認識三國，固然是閱讀和認識這一段歷史；同時，從中可用作觀照當今的世態與人情。距今接近 2000 年前的「三國」，透過《三國志》和《三國演義》的演繹，讓我們不同程度地洞悉了幾許世變的軌跡，人情世故的意蘊；體會到宇宙人間，隱然有不變的道理存乎其間。這就是歷史的魅力，也是三國時代和《三國演義》最引人入勝的地方。

歷來中外之讀習三國，常視為政治、軍事權謀韜略的最佳教本。滿人入關前，已將《三國演義》翻譯成滿文，供軍中武將廣泛閱讀。創建日本德川幕府的德川家康，留贈給他兒子的書籍中，就有《三國志傳通俗演義》。同時幕府中樞紐人物，都熟讀此書。二十世紀末出現的「管理社會」，「三國」和《三國演義》應運而生，一時成了政、管的教科書。其實，「三國」之可古為今用，價值遠遠超越軍、政、管的範圍；真實的三國歷史所蘊藏可透視古今的價值，也遠過於作為歷史小説的《三國演義》。

儘管《三國志》、《三國演義》與「三國時代」性質不同，但是貫通三者的共通地方，是透視出超越時空的人情和世態的特點。認識人情和世態，是人類文化的永恆課題。「三國」是宏大而充滿魅力的人世間舞台劇，如果我們能更多從人生價值和認清世態的角度，去解讀三國，足可以豐富我們對人世的認識，提升我們的智慧，增益我們的人生閱歷，甚至啟發我們人生價值的取捨。

〈四〉 何以「傳真」

「三國」是一個以戰爭為榮辱、決生死的年代。所以近 100 年的局勢的發展，如「官渡之戰」、「赤壁之戰」、「漢中之戰」等等，都與戰爭息息相關。甚至一場戰爭的結果，就足以成為扭轉局面的轉捩點。所以説主導三國百年局勢的發展，是戰爭！根據方北辰先生的研究，「整個三國時期的 90 年間，……參戰雙方出動兵力總計在五萬人左右的大型戰役，以及明顯在五萬人以上的特大型戰役，就有九十二次之多，真可謂年年有大戰，歲歲有烽煙，至於中小型

戰鬥，多得更難以計數。」（方北辰《精彩三國》）

因此，在三國時期這樣的戰爭年代，爭雄競霸，逞謀鬥勇，是時代的主調。也就造成如近代作家孫犁所說，以三國為「謀士以其為智囊，將帥視之為戰策」特點。本書的編撰，亦以戰役為演繹全書的主要脈絡。這樣的編排，並非因循，而是遵遁三國時期的歷史性質。三國時期是一個戰爭的年代，戰爭是其歷史的特徵，但戰爭卻非三國歷史的全部。三國這段歷史，在中國歷史的發展長河中，其歷史意義，遠過於此；歷史的作用，遠大於此，可惜常為人們所忽略。

首先，三國時代雖然不足百年，卻是中國歷史發展上的一大轉型期，其大轉變遍及政治經濟、文化思想、科技藝術等多方面。近年中外學者，甚至認為三國時期，是開中國日後歷史發展趨向統一新形態的源頭。此書的內容結構，以戰爭為脈絡外，我們嘗試以不同的形式，適當地展現三國時期多元的歷史意義。

其次，三國中出現的各式人物，是一本「人物誌」，呈現出千古以來的「人世間」的眾生相。上智下愚，賢與不肖，幾應有盡有。「鑒古知今」，豈限於歷史事件而已。「人世間」的百態千貌，何不然耶？！《紅樓夢》的作者曹雪芹說過，「世事洞明皆學問，人情練達即文章」，《紅樓夢》所以令人百讀不厭的魅力在此；三國之所動人，也在於此。

再是，時代的變遷，歷史的腳印，日益湮沒，留下的痕跡，日漸模糊，環境不復舊觀。我們認識歷史，主要是通過文字的記載和描述，加點想像。感覺歷史、感受歷史、體驗歷史，對深切認識和了解歷史，是很重要的。傳世和出土文物、遺址勝跡、歷史事件發生的山川環境，都是後世人，認識和了解歷史的重要途徑。雖謂「滄海桑田」，相對於其他的歷史年代，「三國時期」在這方面是幸運的，尤其遺址勝跡、山川形勝，不少仍「百戰山河在」。無疑這是得益於「三國」故事及早並普遍在社會大眾傳播的福蔭，以致後代有關「三國」的實跡實景，口耳相傳的傳說是較多的。本叢書所以稱之「傳真」者，是盡量搜集文物、遺址古跡、山川形勝的圖像，並繪製各式地圖、復原圖等，以期還原三國的歷史現場，增加實感，讓讀者更有興趣、更好認識和了解「三國歷史」。

目錄

掃瞄 QRcode 觀看戰
事短片及多媒體材
料，感受真實三國！

第一章

官渡之戰

曹袁易勢

3 發生在公元 200 年的「官渡之戰」，是
三國時期一場關乎袁紹、曹操兩強興衰，
甚至是成敗存亡的戰役。官渡之戰也是中
國歷史上「以弱勝強，以少勝多」，並以
謀略取勝的經典戰役。這場戰役從部署到
作戰，起伏跌宕，智計頻出。對後世來說，
最有價值的是，這場戰役，充分演繹了作
為一個政治和軍事的領袖，能力的高下、
質素的優劣、智略的長短，會如何顛覆了
一個團體生死存亡的命運；也透露了作為
一個優秀領袖千古不易的質素所在。

官渡之戰
前哨戰開鑼

曹操與袁紹自青年時期，已交往甚密，政治上也屬同路人。自出走關東，討伐董卓開始，曹操一直依附於袁紹。隨着雙方勢力的擴展，兩人之間的矛盾也愈來愈顯露。官渡之戰前，因為袁紹勢力的強大，曹操即使「挾天子以令諸侯」，把持了朝廷，但是對於袁紹，仍不得不虛與委蛇。為了不招惹袁紹更大的不滿，曹操甚至讓出大將軍之位給袁紹以作緩頰，緩和兩人之間的敵對氣氛。袁紹早有取劉氏天下而代之的野心，要達成他的野心，勢力正日益膨脹的曹操，就成為了他最大的攔路虎。因而袁紹積極部署南下，進攻許都，要一舉而擊潰曹操。200 年正月，袁紹發檄討伐曹操[註1]，正式向曹操宣戰，兩位好友兼同盟，公開的攤牌。

袁紹的軍事部署，先以新歸附的劉備屯守徐州，南面則聯合荊州牧劉表，以期形成南北夾擊的態勢。深諳軍事的曹操，就在袁氏進行各種軍事部署的時候，乘隙迅雷不及掩耳，出兵攻打徐州牧劉備。劉備一方面猝不及防，另一方面，新領管治徐州，尚未能掌控軍民人心，很快就為曹軍所攻破。這是曹、袁官渡之戰的預備戰。曹操攻破了劉備，消除了來自東南地區的後顧之憂。

進一步，對袁紹大軍壓境、箭在弦上的軍事決戰，曹操也作出相應的軍事部署。以衛覬鎮撫關中，以魏種為河內太守，防範袁軍從西面的進犯。再派臧霸從徐州北出青州，在東邊鉗制袁軍。大將于禁屯兵黃河渡口的延津（今河南延津縣北以南），劉延把守延津東邊的白馬（今河南滑縣東），程昱守白馬東邊的鄄城。曹操自己率領主力部隊駐守於官渡，正面對抗袁紹，強化許都北部的防守。

二月袁紹率兵 10 萬，駐紮在黃河北岸的黎陽（今河北浚縣東北），作為前線軍事的指揮部，並派遣手下大將顏良，攻擊曹操的將軍劉延於白馬。另派大將文醜，阻擊由白馬退軍的曹操。曹操採用謀士荀攸的建議，以曹軍「兵少不敵，分其勢乃可」的戰術，虛張聲勢，率兵直趨延津，假裝由此渡河，抄襲袁

（註 1） 由陳琳撰寫的《為袁紹檄豫州》是三國時代一篇著名檄文。《三國演義》甚至用以演繹成正為頭風痛楚不堪的曹操，聽了這篇檄文，連頭痛都痊癒。

軍的後路。其實真正目的是引誘袁紹分兵西來應戰，然後集中兵力迅速進攻白馬的袁軍。這個戰術很奏效，一下大敗因意料不及而倉卒應戰的袁軍。關羽斬殺了袁紹手下的大將顏良，遂解白馬之圍。曹操在白馬之役戰勝了袁軍，向西撤退的時候，袁紹在黎陽派兵渡河截擊曹軍。曹操在延津之南，又施計在中途棄置輜重以餌敵，打亂袁軍陣勢，再行突擊，大敗袁軍的劉備和文醜，最後擊殺了大將文醜。

| 官渡之戰路線圖 |

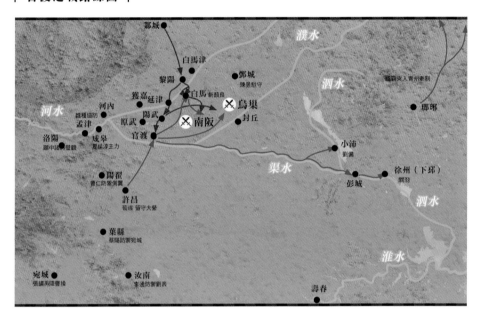

■■■ 曹軍　　　■■■ 袁軍

袁紹自滿
棄用消耗戰術

　　白馬和延津的兩場戰役，可視為官渡之戰的前哨戰。曹操兩場前哨戰的勝利，挫敗了兵強勢大的袁紹的銳氣，又擊殺了袁紹手下顏良和文醜兩員大將。但是，袁紹經預備戰和兩場前哨戰的戰敗，並無深刻的檢討，對當前與曹操的軍事形勢與戰略的部署，也無更深遠的考慮，仍然按照原來的主觀願望，以自

己佔優的實力，作一決雌雄的軍事部署。對於兩軍的形勢，袁紹內部的眾謀士，意見愈見分歧，相互攻訐，甚至誣陷。前哨戰後，曹操迅速把軍隊撤退到靠近許都的官渡（今河南中牟北）。袁紹軍隊尾隨曹軍而推進，最後駐軍鄰近官渡的陽武。心底中，袁紹對曹操是輕敵的。所以聽不下謀士田豐和沮授建議「以逸待勞」、「以圍代攻」的消耗戰術，以及不求勝負畢於一役的戰略。更可惜的是，袁紹對於兩人，聽信其他謀士的讒言，或囚或殺，戮殺良士，自亂陣腳。

　　是年八月，袁紹由陽武揮軍進迫在官渡的曹軍。《三國志》記載袁紹集結的兵力有 10 餘萬，曹軍的兵力不到萬人。對於陳壽記載雙方的兵力如此的懸殊，裴松之在註釋中，已提出種種的質疑。其中主要謂，曹操在官渡對戰之前，經多年的征伐，勝多敗少，因而增加的兵員也不少，斷不可能只出兵不到萬人。尤其是大破青州黃巾，受降兵卒達 30 萬，曹操從中精選出精壯，編為「青州兵」，兵員和軍事實力已陡增。在官渡的戰陣佈置，袁紹軍屯營東西數十里，曹操結營以相持，這不是之前的奇兵突擊，而是雙方列陣對抗。陣前，雙方發生多次的攻防戰，一來一往，所謂「兵來將擋，水來土掩」，曹操斷不可能以不足萬兵對陣 10 萬袁軍。所以，估計曹軍的人數至少有三萬兵以上。[註2] 儘管袁、曹軍力並非如此懸殊，也不能否定一個事實：無論兵力、糧草和裝備，袁軍還是遠勝於曹軍的。

（註2）　　《三國志·魏書·武帝紀》、《三國志·魏書·荀彧傳》及《三國志·魏書·郭嘉傳》

一、經濟實力

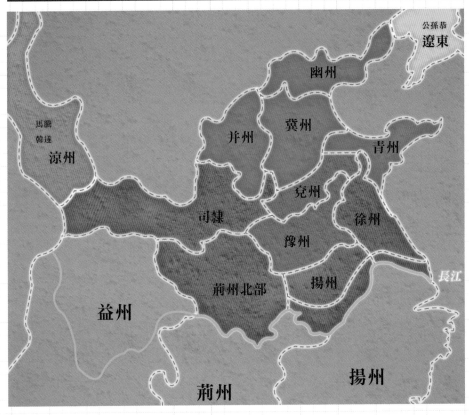

袁紹	冀州、青州、并州、幽州 **合計 4 州**	袁紹囤糧於鄴城，鄴城周圍為產糧地，水源充沛；軍糧儲備較多。
曹操	兗州、豫州 **合計 2 州**	曹操囤糧於許昌，許昌遠離戰場，運送糧草困難，囤糧較少。

二、軍事實力

袁紹	十萬兵力
曹操	三萬兵力

三、政治實力

個人能力

個人能力	袁紹	曹操
度量	剛愎自用，表面寬待人才，實則嫉忌人才。	從善如流，開明豁達，用人不拘一格，手下能發揮所長。
謀略	善惡不分，猶豫寡斷。	明辨是非，當機立斷。
馭人	軍紀鬆懈，內部爭權奪利，難以駕馭下屬。	善於駕馭下屬，明辨眾人建言的是非、對錯和優劣，軍紀嚴明。
修養	以世家大族為憑藉，招攬的多為沽名釣譽之徒。	真誠待人，不重表面以及地位，有真實本領的人都願意效命。

組織力

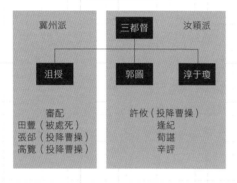

袁紹軍隊構成

冀州派　　三都督　　汝穎派

沮授　　　郭圖　　　淳于瓊

審配　　　許攸（投降曹操）
田豐（被處死）　逢紀
張郃（投降曹操）　荀諶
高覽（投降曹操）　辛評

曹操軍隊構成

宗親　曹仁：與劉備、韓荀交戰
　　　曹洪：防守大營

外姓　荀彧：分析戰況，出謀獻策
　　　荀攸：防守大營，出謀獻策

降臣　關羽：在白馬之戰擔任先鋒
　　　許攸：建議曹操偷襲烏巢
　　　張繡及賈詡：協助曹操攻打官渡

戰術運用

戰役	袁紹	曹操
白馬之戰	不聽沮授勸阻，執意以顏良為主帥。中了曹操調虎離山之計，分散兵力應戰。	聽從荀攸的建議，假裝從延津北渡河抄襲袁紹軍後路，引誘袁紹分散兵力應戰，然後集中兵力抄襲白馬外圍的袁軍。
延津之戰	中了曹操的餌敵之計，自亂陣腳。	聽從荀攸的建議，以白馬輜重為餌的策略，使袁軍自亂陣腳。
官渡之戰	派遣劉備及韓荀擾亂曹操後方，被曹仁擊破。在曹軍偷襲烏巢時，以重兵攻打曹營，只分輕兵援救烏巢。	撤退至官渡，縮短防線及補給線；聽從降臣許攸的建議，偷襲烏巢。

四、官渡之戰結果

曹操前後坑殺袁紹軍隊八萬，袁紹與袁譚等率領八百騎渡河至黎陽，回鄴城。自此一役，奠定曹操統一北方的基礎。

曹操重用
謀臣獻計

　　從八月到十月，袁、曹兩軍在官渡各自屯營陳兵對峙兩三個月。從整體的軍事形勢而言，袁軍採取的是攻勢，曹軍處於的是守勢。在雙方攻防的戰鬥過程中，兩軍頻頻變陣對壘。由於軍力眾寡不同，糧草豐薄有別，顯然曹操方面的形勢是不利的。後來的歷史記錄，為曹魏隱諱，不完全反映其間過程的真實。與袁軍對峙期間，曹操的內部和轄下的地區，呈現不穩的狀況。曹操處於內外交困的局面，恐怕支撐不下去，有撤退返回許都的打算。經謀士荀彧的勸勉，並反覆分析說，在陣前如先行撤退，軍事形勢會更為不利。得到荀彧的規勸，曹操才堅定了對抗下去的決心。

　　戰前，面對與袁紹軍事衝突的不可避免，最重要的謀臣荀彧與年輕的謀士郭嘉，都曾向曹操陳述對他和袁紹二人才具和秉性的比較，分別提出曹、袁之間有「四勝四敗」和「十勝十敗」的優劣。他們主要從曹、袁兩人的度量、謀略、指揮能力和用人氣量等方面作出比較。荀彧與郭嘉會有如此相近的看法，顯然是他們對曹、袁有共同的了解。荀彧與郭嘉，都曾先仕於袁紹而後歸附曹操。荀、郭對袁紹的為人和行事，有近距離的接觸。他們最後捨棄實力強大的袁紹，而歸屬實力相對薄弱的曹操，相信是基於對曹、袁兩人的了解，而作出的去留。

　　荀彧歸附袁紹，袁紹「待彧以上賓之禮」，只是荀彧「度紹終不能成大事」而離去的。郭嘉北往見到了袁紹，和袁紹重要的謀臣辛評和郭圖討論過袁紹，說「袁公徒欲效周公之下士，而未知用人之機。多端寡要，好謀無決，欲與共濟天下大難，定霸王之業，難矣」。可見荀、郭不僅有智略，更有知人之明。知人者智，有智慧的能人，才能穿透表象與一時的強弱，擇人而事。荀彧和郭嘉在軍事形勢不利的情況下，會考慮作為主帥的曹操與袁紹兩人才具的優劣，預計在對陣中，產生不同的效果。謀士者，善於從多方面去考慮問題，得出結論。

領袖與輔臣
相輔相成

　　曹軍和袁軍，在官渡展開戰鬥的過程中，雙方也不斷因應戰情，頻頻在戰術上作出調整。

　　到了十月，袁紹數千輛的運糧車輪糧到官渡，荀攸獻策曹操，派徐晃等人在途中截擊，大破之而且焚毀其輜重。稍後，袁紹再從河北運糧萬車，由大將淳于瓊領兵萬人護送。運糧軍在離袁軍大本營以北40里的烏巢（今河南延津境）宿營，剛剛叛降曹操的袁紹謀士許攸，獻計曹操，襲取袁軍的糧草。曹操聽計並親自率領精銳步騎，假扮成袁軍，夜襲袁軍大營，與袁紹押糧大將淳于瓊在營前相對峙。袁紹不聽手下大將張郃及高覽引軍救淳于瓊的建議，反派重兵去直接攻擊曹操在官渡的大本營。曹軍得以集中兵力，攻克淳于瓊軍，燒毀袁軍的糧草。張郃及高覽又因怕被讒譖而投降了曹操。到此，袁軍敗局已定，消息傳來，袁軍全軍大潰。袁紹和兒子袁譚逃回河北，官渡之戰結束。

　　官渡之戰的結果，曹勝袁敗。曹操作為主帥確有過人的軍事才能和謀略，戰術上敢於用「奇兵」，能親自率軍，勇於冒險犯難。充分發揮了一眾謀士荀彧、郭嘉、荀攸和許攸等人的出謀獻策，也表現了曹操在整個官渡之戰中，從善如流，善於裁決的領袖特點。所以「官渡之戰」曹方勝利，領袖的優秀與輔臣的智慧相輔相成，才是關鍵。在官渡之戰中，曹操和袁紹表現的領導質素與雙方決策的高低，可作為現代管治者的上佳教材，值得領悟。經過了官渡之戰，曹操取代了袁紹，成為割據勢力中的最強者。

·官渡古戰場（劉煒提供）

東漢三國時期武備特點

先秦時期的戰爭，以戰車兵為主力。到了西漢，作戰的方式、軍隊的主力兵種，以至兵器的裝置和材質，起了翻天覆地的變化。騎兵取代戰車，成為軍中的主力兵種；新的銅鐵兵器和防護裝具，取代了青銅器。這樣軍器武備和兵種的大改變，是西漢武帝與匈奴長期而且大規模的戰爭影響的結果。在三國時期，武器仍然是銅鐵並用。（參考楊泓《中國漢唐考古學九講》）

．營壘圖

營壘圖畫有龐大的營壘及營帳，旗幡飄揚，反映當時屯兵駐守的大規模場面。（甘肅嘉峪關魏晉墓壁畫）（劉煒提供）

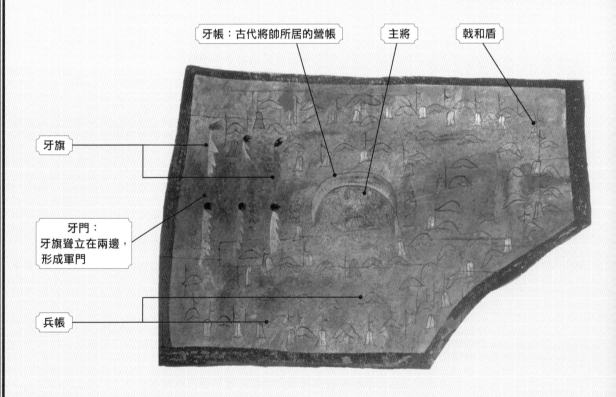

牙帳：古代將帥所居的營帳

主將

戟和盾

牙旗

牙門：
牙旗聳立在兩邊，
形成軍門

兵帳

· 步兵列隊圖

圖中畫有一群雄赳赳的步兵昂首闊步外出巡遊，長官騎馬沿着中道，由持劍士兵引路，生動地描繪聲勢顯赫的威武之師，仿佛把人們帶到叱咤風雲、金戈鐵馬的戰場。（甘肅嘉峪關魏晉墓壁畫）（劉煒提供）

持劍士兵引路　主帥　頭戴鐵盔、身穿鎧甲、手握長戟及盾牌的步兵

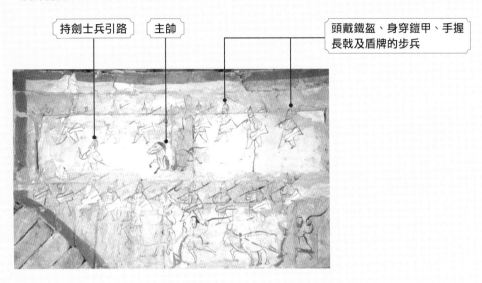

帳構

曲型凭几　榻

鐵管

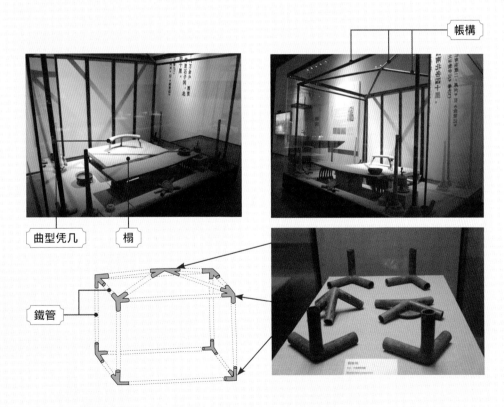

· 主帥府帷帳

帳構是帳幕的構件，用以支撐整個帳幕的帳架頂端及四角周邊安裝的金屬件。先秦時以青銅鑄製，漢以後出現鐵製品。營帳是拆卸組合而形成的，便於行軍。（南京馬鞍山博物館藏）

自先秦起，步兵一直是冷兵器時期作戰中很重要的兵種。漢代時，步兵的防禦裝備有新發展，士兵已穿鐵甲作戰，取代以往的皮甲。

· 彩繪武士俑的頭像
出土士兵頭像精神奕奕。
（劉煒及王保平提供）

山形帽

繩

環首長刀

束帶

草履

雙手半握拳，似持長柄兵器。

頭包髮巾，繫紅色抹額。巾帶沿兩頰垂至鬚下繫結。

兩重衣

黑色護肩魚鱗長甲

膝下褲筒裹在綁腿內。

· 彩繪陶甲俑
此俑佇立作守衛狀。（咸陽市博物館藏）
（劉煒提供）

· 彩繪陶執盾士兵俑
士兵俑所持的盾，也稱干及牌，是古代戰爭中重要的防護裝備。盾可用於實戰，也是重要的禮儀用品及舞蹈道具。一般的盾長不過三尺，多為長方形或梯形，也有圓形的，背面有握持把手；多由木、藤、竹製作，有的蒙以生牛皮，表面塗漆，並繪有龍虎、神怪、鳥獸花紋等。大型的盾又稱旁牌，作戰時可以連鎖排列，形成一條防線。（咸陽市博物館藏）（劉煒提供）

頭包髮巾，繫紅色抹額。巾帶沿兩頰垂至鬚下繫結。

紅色短襦

腿絜行縢

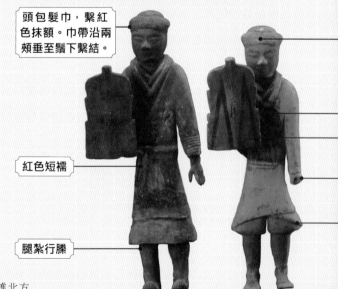

· 紅陶武士俑
左圖武士俑為陪葬物。東漢貴族莊園
的家兵在春秋兩季農閒時期，訓練射
擊。日常負責巡邏和保衛，農忙時又
是勞動的主力。（四川東樂山崖墓樂
山博物館藏）（劉煒提供）

短衣

箕

矛

冑

披膊

甲片為長條形編綴，前
襠甲片為魚鱗形，甲表
塗上防鏽的黑漆，稱為
玄甲。

· 持矛戰士像
三國時期士兵流行補襠甲，由胸甲、
背甲和腿裙組成，胸甲和背甲兩側並
不相連。甲由鐵甲片編綴，也有用整
塊皮製成的，腿裙則是皮製的。（許
昌博物館藏）

胸甲

腿裙

頭飾挽成圓形髮髻垂於腦後。

黑色鎧甲

盾面為紅底黑色幾何紋彩繪。

右手半握拳，似持長柄兵器。

膝下褲筒裹在綁腿內。

皮靴

在古代冷兵器時期，中國的騎兵在秦漢以後，逐漸取代戰車成為重要的兵種。騎兵在廣闊的平原馳騁一馬平川，衝鋒陷陣，仿似現代的坦克，所向披靡，是步兵的剋星。由於北方多平原，有利騎兵運作，故曹操、袁紹及公孫瓚等北方群雄統轄軍隊，多有騎兵和強弩等混合兵種。

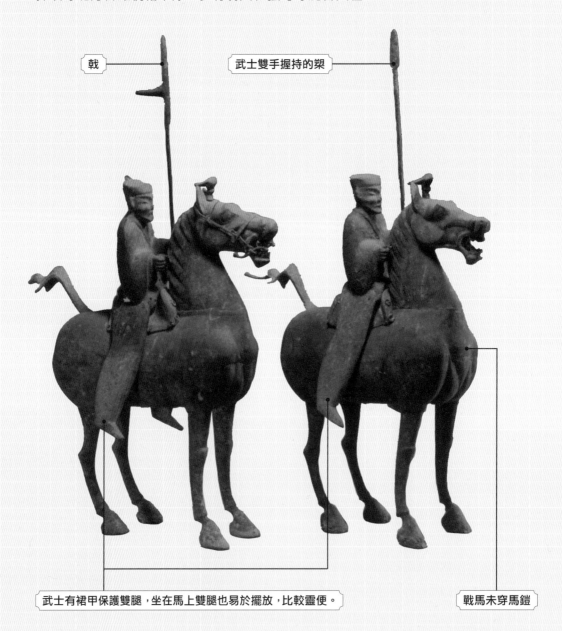

戟

武士雙手握持的槊

武士有裙甲保護雙腿，坐在馬上雙腿也易於擺放，比較靈便。

戰馬未穿馬鎧

· 騎兵俑
武士需掌握高超的技術，作出攻擊的同時，又要控制馬匹，特別是當時還未發明馬鐙。（劉煒提供）

·釉陶騎馬武士俑

一武士騎馬身穿廣袖長衣，雙臂舉起，呈射箭狀。馬雙耳豎立，昂首長嘶，長尾翹起。（河南省博物院藏）（劉煒提供）

·彩繪陶騎馬武士俑

一武士騎馬目視前方，繫巾幘，身穿紅白色短戰衣，一手持韁，一手持兵器，形象威武雄健。馬張大口嘶鳴，身軀矯健，四腿直立於地，短尾上翹彎曲。（陝西博物院藏）（劉煒提供）

漢魏時期的各種兵器

攻擊型的兵器：步兵及騎兵常持用尖銳攻擊的長兵器如戈、矛、戟等刺殺敵人，弩及拋石機則屬遠程攻擊性武器。

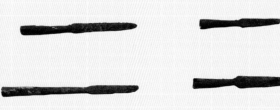

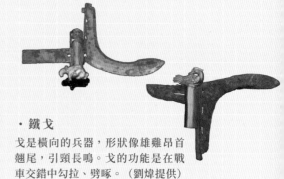

· 鐵矛

矛是最常用的長兵器，下端呈尖鋒狀，屬格鬥的利器，士兵用此直刺可殺傷敵人；裝上短柄可以投擲，俗稱標槍或投槍。（吳都博物館藏）（劉集民提供）

· 鐵戈

戈是橫向的兵器，形狀像雄雞昂首翹尾，引頸長鳴。戈的功能是在戰車交錯中勾拉、劈啄。（劉燁提供）

· 鐵戟

「戟」這種武器，是一種矛戈結合的兵器，在中國出現很早。自先秦到秦漢魏晉，都是軍隊中的重要格鬥武器。受《三國演義》「轅門射戟」的情節的影響，人們都以為名將呂布慣用的武器是戟。在漢代，戟是普遍使用的兵器，轅門的守衛士兵一般是持戟的，所以呂布選用了射戟。歷史記載呂布使用的武器，是矛非戟；三國戰將中，使用戟的是典韋和張遼。（參考楊泓、李力《中國古兵器二十講》）（吳都博物館藏）

· 弩機

弩機是弩的發射器，是關鍵的組件，一般是銅製。弓箭手可以輕鬆、安全的保持箭在弦上，射箭時只要將弩瞄準敵人放箭即可，反應時間加快及準確度提高。望山看成現代步鎗上瞄準用的覘孔，懸刀則是扳機。弩機會先裝入稱為銅廓的機匣中，再裝在弩的後端。弩要拉弦在箭時，將望山向後拉，鈎牙會上升，這而鈎住後拉的弓弦，牛同時向上轉動，頂住牙，下端卡進懸刀的槽，以固定懸刀、牙的位置。當弓箭手透過望山瞄準目標，將懸刀向後拉，牛便鬆開轉動，使牙向下縮，於是鈎住的弓弦彈回將箭射出。

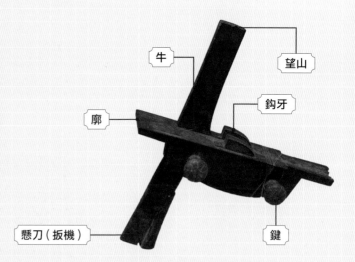

牛　望山　鈎牙　廓　鍵　懸刀（扳機）

· 拋石機

拋石機屬攻城的武器，士兵將石頭放置於
木棒的一端，另一端拋物線飛出去，把目
標物砸得粉碎。這是利用槓桿原理，以人
力拋擲石頭的大型拋射兵器。著名的官渡
之戰，曹操便利用拋石機砸碎袁紹的井闌。

· 箭及箭袋
（劉煒提供）

第 二 章

制霸北方

3 官渡之戰後，曹、袁強弱勢力逆轉。202 年，袁紹逃歸鄴城後，不久憂鬱積疾而死。袁紹雖然敗死，但是袁家多年的經營，在北方地區仍然保持有相當的實力，冀、幽、青、并四州基本仍由袁家子弟分別管轄。漢、胡的地方割據勢力仍有不少支持袁氏。

袁紹生前偏愛的幼子袁尚，繼紹襲冀州牧之職，在鄴城統領了袁紹的主力軍隊。長子袁譚為青州刺史，次子袁熙為幽州刺史，外甥高幹為并州刺史。可是，長子袁譚和幼子袁尚，為爭繼嗣位，在袁紹生前，已經不睦。袁紹死後，兩人的相爭就白熱化了。袁紹原來手下的謀臣，也因此而分成兩派，各自擁立和輔助長子袁譚和幼子袁尚。

曹操從 202 年九月開始，展開對袁家殘存勢力的大舉討伐，務求趕盡殺絕。直到 207 年，費時五年，才撲滅了袁氏的勢力。可見袁紹雖死，袁家自身與反對曹操的各方勢力，依然不少。如非袁氏兄弟的內鬨，曹操或不能順利撲滅袁氏勢力。官渡之戰後，曹操在袁譚和袁尚之間，挑撥離間，然後乘機打敗兩人，取得冀州，佔領了鄴城。

討壺關城
艱險非常

曹操攻克鄴城，袁紹外甥及并州刺史高幹降曹，曹操仍委任高幹為并州刺史。當高幹聽聞曹操東征烏桓，立刻叛曹，執獲曹操在上黨的太守，控制太行山的要道壺關口，並擬襲取鄴城。曹操遣樂進與李典率軍前往攻打，高幹退守壺關城（今山西長治市東南）。建安十一年（206 年）春天正月，曹操親自領兵征高幹。高幹聽聞曹操征討，乃留別將守城，自己北走平陽（今山西臨汾市南），向匈奴單于求救。單于不肯答應，曹操率軍圍困壺口關一個月，到三月拔關。高幹向南擬逃往荊州，途中為上洛（今陝西商洛市）都尉王琰捕殺。曹操又取得了并州。

❀ **太行山山勢** ❀

并州地區東部的屏障是太行山。從華北平原西眺太行山的東部，山勢巍峨聳立，懸崖峭壁，陡立如削，接連都是高達千餘米的谷壁。山脈的西部坡度平緩，漸與高原連成一體。并州地區地處太行山西麓，對華北平原，居高臨下。并州的安全關乎中原地區，高幹據并州，對曹操大本營的鄴城，形成很大的威脅。

＊圖中水系為三國時期流向　　━━━ 太行古徑　　　　━━━ 曹操征高幹路線

　　曹操西上太行山征討壺關城，是征途艱險的一場戰役。太行山是中國北方最重要的山脈，位於并、冀及豫三州之間，呈東北往西南走向，綿延 400 多公里。太行山也是山西高原和華北大平原的分界線，正處於二階地和一階地的分隔線。西向是延綿不絕的層巒疊嶂；東臨華北平原，山勢高聳，巍峨壁立。壺關所在的「太行孔陘」，東面是居高臨下，俯瞰華北平原；西面是太原平原；

・大河關山勢

西出鄴城，沿着《詩經》中「淇水湯湯，漸車帷裳」的淇河，由河逆行，不遠就可以看到豫北平原和太行相交的丘陵之地。繼續前行 10 餘里，就會看到山勢陡然高聳、兩山深峽的景象。這裏就是曹操需要攻克的第一個關卡——大河關。

南面隔了黃河，但是可通洛、潁；北面可抵塞外的蒙古高原，形勝險要。（參考李孝聰《中國區域歷史地理》）

　　西上太行山，道路本就驚險，曹操率軍出發的時候，又是嚴冬正月，征途的艱險和憂戚，在他途中所寫的《苦寒行》一詩中，表露無遺。

北上太行山，艱哉何巍巍！

羊腸坂詰屈，車輪為之摧。

樹木何蕭瑟，北風聲正悲。

熊羆對我蹲，虎豹夾路啼。

溪谷少人民，雪落何霏霏！

延頸長歎息，遠行多所懷。

我心何怫鬱，思欲一東歸。

水深橋樑絕，中路正徘徊。

迷惑失故路，薄暮無宿棲。

行行日已遠，人馬同時饑。

擔囊行取薪，斧冰持作糜。

悲彼《東山》詩，悠悠使我哀。

· 大河關

太行山孔陘的第一關大河關，曹操駐軍在關外的開闊地——東川底，作奪關的苦戰。如今大河村居依然流傳着祖輩講述的故事，説曹操猛攻了三天，終於奪下關城。但并州軍在撤退時，採用了焦土策略，拆毀了關城的所有建築，焚毀了輜重，遷走了關城的百姓。通關的古道，在日後的千百年中，一直是中原地區連接山西的重要通道。

· 曹軍暫駐地

在大河關得到休整的曹軍需要繼續前行，不遠來到一處比較開闊的駐地——盤底。

曹操進軍是沿淇河逆行，進入上游的郊溝河，郊溝河在此將會折向北方。

· 羊腸坂

曹軍需要轉入另外一條東西走向的淇河支流，而這段道路就是令曹軍歎苦的——羊腸坂。

五指峽有險峻的羊腸坂遺址，羊腸坂是古代中原上太行的關隘險道。

· 太行山五指山

在山西平順、壺關兩縣大峽谷的東緣，陡崖絕壁、高山深谷。
元朝文學家元好問詩有「太行有奇谷，絕勝無出右」予以形容。
如同手掌的五指山峽谷，出谷口後地勢開始平坦。走出了峽谷，
繼續前行會到達當年曹操營建的——曹公壘。

· 羊腸徑道路

羊腸徑鄰水邊的道路，是在石壁上硬鑿出路基，再
在路旁鑿出支點，然後用條石加寬道路而成的，僅
容兩人錯肩而過。

· 曹公壘

用石塊壘成的「曹公壘」是當地人都知道的一個地方，
至今仍然是很艱難才能到達。

· 曹公壘絕壁

曹公壘位於一座絕壁之上，僅有一個方向有土樑可以過去，
地勢上確實險要無比。

· 上黨門戶壺關城

抵達了西川底，就進入了上黨盆地。圖中就是上黨門戶壺關城（今山西長
治市北）。看來樂進、李典的進軍，與後來曹操率領的軍隊，應是從西北
迂迴包抄上黨和壺關。所以壺關城破，高幹只能往南逃走。

曹操統一
中國北方

　　曹操聽從謀臣郭嘉的主張，暫時擱下南征劉表和劉備的日程，全力北伐，征討袁尚和三郡烏桓。郭嘉這建議很有戰略眼光，不僅要徹底消滅袁家的勢力，同時也降服盤據在北方邊壤如鮮卑、烏桓等少數民族勢力的威脅，使北方無後顧之憂。失去了冀、青、幽及并四大州原有的地盤，而致走頭無路的袁尚和袁熙，只好向東遠逃，聯合上谷郡、北平郡和遼西郡邊塞的烏桓人，繼續對抗曹操。207 年曹操親自遠征烏桓，直搗烏桓的老巢柳城（今遼寧朝陽）。

　　遠征遼東，是曹操軍事生涯又一場出色的戰役。遠征軍最後擊敗了袁氏兄弟與烏桓的聯軍。袁尚和袁熙被迫再東逃到遼東，投靠遼東牧公孫康。幾代人盤據遼東、獨霸一方的公孫康，為了自保，也顧忌袁氏兄弟有圖己之心，便殺掉了袁氏兄弟，以討好曹操。到此，袁氏勢力徹底被消滅。除了西北地區以外，曹操基本上已統一了中國的北方。

　　曹操從 197 年到 207 年的整整 10 年時間，先後征滅黃河南北的「群雄」，成為最強大的勢力。全國十三州，曹操擁有七州；把持朝政，奉朝廷號令天下。這段時期的曹操，不但四出征戰，即使處於戰時爭生死存亡的狀況下，仍能在制度法規、經濟生產、文化教育等多方面，制定和實行了一連串的改革措施，穩固內部的統治。穩定了內部和充實了實力後，曹操便放手展開統一全國的軍事行動。

・堡壘
路過的山樑，堡壘的設施尚存。

曹操東征遼西

曹操東征遼西，取得了一場很出色的遠征戰的勝利。回師時，在渤海灣的海濱登碣石山（今河北秦皇島市西南），留下了傳誦千古的文學名篇《觀滄海》。途中，又再寫下了《步出夏門行・龜雖壽》——另外一首傳頌甚廣的文學名篇。

　　曹操打敗並殺掉袁譚和高幹後，為徹底剿滅投靠遼西烏桓蹋頓的袁熙、袁尚兄弟，在建安十二年五月，率軍東征，來到易縣。接納謀士郭嘉遠征千里之外、要「兵貴神速」的建議，便卸下輜重，輕裝晝夜兼程趕路。七月到了無終（今日河北薊縣、玉田縣北），受阻於大水，沿渤海灣的海道不通。得到豪俠田疇的建議，改道引兵上徐無山。爬越堙廢已 200 年的盧龍塞（今河北的喜峰口）的古道小路，沿途挖山填谷 500 餘里，跨越險阻，經白檀（今河北承德市西），歷平岡（今河北平泉縣）。八月抵距蹋頓大本營的柳城 200 多里的白狼堆（今遼寧凌源一帶），與倉卒應戰的蹋頓和袁氏兄弟聯軍，戰於凡城（今遼寧朝陽市附近）。在前鋒張遼率領的曹軍猛烈攻擊下，敗殺蹋頓。曹軍到達柳城（今遼寧的朝陽南），漢族和少數民族歸降者 20 多萬人，並精選了號稱「天下名騎」的烏桓騎兵，編成日後曹操的重要騎兵隊伍。

· 喜峰口段長城的盧龍塞

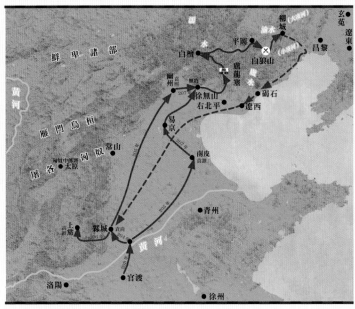

——— 曹操出兵路線　---- 曹操返軍路線

·原盧龍塞的潘家水庫

盧龍塞建立在灤河的山隘河谷間，灤河上游是金蓮川草原的閃電河。在金蓮川所見平緩婉順的灤河，流到了喜峰口河谷，咆哮奔騰，歷史上時常泛濫。幾十年前，這段灤河被馴服了，改造成潘家水庫。整座關城和城牆沉在水底。經水庫，灤河再往南流，在歷史名城昌黎縣附近，注入渤海灣。

· 碣石宮意想圖

在萬家鎮南部沿海地區約 25 平方公里範圍內，分佈有由六處遺址點組成的龐大的秦漢建築群。利用海灣地勢，以石碑城址為中心，以黑山頭、止錨灣為兩翼，恰如「一宮兩闕」，面向海中「碣石」。遺址有工程浩大的版築夯基，多層次及單元的建築群體，巨型夔紋瓦當、空心磚踏步等建築構件，充分反映出了秦代皇家級建築特徵，故當為秦始皇的「碣石宮」。西與河北金山嘴遺址連成一體，它是秦統一大帝國的象徵，同時又是秦對外交往的門戶。（胡佳麗繪畫）

· 黑山頭秦始皇 行宮遺址

遺址位於一岬角上，岩體遠望呈黑色，故名黑山頭。岬角之南的百餘米的海面上，聳立東西對峙的礁石，稱龍門石，原是秦始皇所建的行宮的基石。

· 千秋萬歲瓦當

· 夔紋大瓦當

秦始皇首在此海灣建築宏大的「一宮兩闕」行宮。出土的版築夯基和巨型夔紋瓦當等建築構件，反映了秦朝皇家規格建築的宏偉。

· 姜女石

姜女石在勃海灣一帶，在中國歷史上很有名。曹操征遼西班師回鄴城時經過此處，並寫下了《觀滄海》的文學名篇。毛澤東在《浪淘沙 · 北戴河》詞句中，有「往事越千年，魏武揮鞭，東臨碣石有遺篇」，地點就是此處，遺篇就是《觀滄海》。秦始皇和漢武帝曾前後在這個區域建立了規模宏大、雄偉華麗的行宮，秦始皇曾駐碣石宮，漢武帝在公元前 110 年，由山東渡海至碣石。曹操之後，唐太宗李世民在貞觀十九年（645 年）東征遼東高句麗回程時，也經過碣石，並「次漢武台，刻石記功」。

烏桓

「烏桓」又稱「烏丸」，「烏桓」與「鮮卑」原來都屬於東胡族，東胡被匈奴打敗後潰散，分竄各地，後烏桓臣服漢朝，南遷至上谷、漁陽、右北平。光武帝以護烏桓校尉管轄。後烏桓由塞外再遷塞內的遼東、漁陽及朔方邊緣十郡（今遼河下游、山西和河北北部、內蒙古河套一帶），名林格爾烏桓校尉。長時間與中原漢族「歲時互市」，「保塞無事」（《後漢書·鮮卑傳》）。漢末強大起來，分成上谷郡、遼西郡、遼東屬國及右北平四部，屬幽州的範圍。因東漢末的混亂，遼東和遼西就成為南匈奴、鮮卑、烏桓等草原遊牧民族對抗中原王朝的前線。

· 晉烏丸歸義侯金印

金印呈扁方體，正面印文陰刻「晉烏丸歸義侯」銘文，背有蹲式駝鈕。這枚印由西晉王朝賜給烏桓首領。同時出土的有「晉鮮卑歸義侯」金印和「晉鮮卑率善中郎將」銀印等珍貴文物。這幾枚印與四獸紋金飾件同出，銘文「猗迤金」可說明這些文物與西晉時的鮮卑大人猗迤有關，也反映了烏桓與鮮卑的密切關係。（內蒙古博物館藏）（孔群提供）

漢末烏桓單于蹋頓有武略，總攝遼西、遼東和右北平三部。袁紹與公孫瓚爭雄，蹋頓助袁紹破瓚。袁紹賜蹋頓印綬，以寵其名王（少數民族聲名顯赫的王）而收其精騎。建安十年（205年）曹操佔冀州鄴城，袁尚與兄袁熙投奔蹋頓。207年曹操親率大軍征擊烏桓而大破之，斬殺蹋頓等名王，獲得漢胡人口20餘萬，並建立起一支烏桓騎兵。

「三郡烏桓為天下名騎」，曹操征降烏桓後，烏桓丁騎成為曹操手下一勁旅。之前的袁氏父子、公孫瓚等都曾利用烏桓丁騎作戰。連甚至劉備任平原相的時候，也「自有兵千餘人及烏丸雜騎」。

到了魏晉，烏桓漸內遷入塞內，日益威脅了漢人政權，終發展成「五胡亂華」之局。

遼東公孫家族

在柳城被擊敗的袁熙、袁尚兄弟，走投無路，東逃投靠遼東太守
去了。公孫康既忌袁氏兄弟會奪去他的地盤，又害怕挑起曹操的
針對，因而殺掉了袁氏兄弟等，並將首級送給曹操，以示臣服。

　　因東漢末年政局的混亂，遼東和遼西成為南匈奴、鮮卑和烏桓（烏丸）
等草原遊牧民族對抗中原王朝的前線。幽州牧劉虞曾抑制了這些少數民族的
混亂，並採取互市的政策。董卓主政時，委任公孫度為遼東太守。後公孫度
乘局勢的混亂，而自稱遼東侯、平州牧，幾自成獨立王國。204 年，公孫度
子公孫康繼位。

· 和林漢墓壁畫牧馬圖
牧馬圖氣勢恢宏，生動地描繪烏桓民族在護烏桓校尉管理下，在草原上生活的珍貴畫卷。上半部
分繪漢族權貴乘車出行，下半部分繪烏桓人牧馬。圖中的駿馬，昂首挺胸，從容自若。（孔群提供）

第三章

揮鞭南下

橫槊賦詩

3 正當曹操與袁紹分別在黃河的南北，各自四處征討、兼併周邊「群雄」的同時，其他地方的大小割據勢力，也不甘後人，相互之間，刀光劍影，征伐不絕。割據西北涼州和關西的韓遂與馬超，對曹操一直虎視眈眈。曹操在建安二年（197 年）已委任重臣鍾繇，鎮守長安，不僅恢復了關中殘破的社會和經濟，對關西的地方割據勢力也起到鎮撫的作用。至於在南方的荊州牧劉表，穩據長江荊楚之地 ^(註 1)，一向為曹操所嫉視。

（註 1）　荊楚之地約指今日的湖北省、湖南省。這地區在春秋戰國時屬楚國，秦漢時屬十三州之荊州，所以稱荊楚之地。

劉表在荊州，經過多年的經營和擴張，勢力漸大。在曹操與袁紹兩雄的對抗過程中，劉表一直是站在袁紹的一方。曹操對荊州的劉表心患已深，自然不會坐視不理，曾多次要出兵征伐荊州。只是為了全力應付袁紹迫在眉睫的挑戰，擬先行剿滅北方袁氏殘餘勢力的戰略部署，討伐劉表的打算，就成為曹操的次要選項。經過 10 年的征伐，基本統一了中國的北方。

「官渡之戰」之戰後，曹操除了全力展開剿滅袁氏殘餘勢力和其他敵對勢力的軍事行動外還在內部強化對朝廷的控制，發展自己的實力，為此而推出了不少新政策和措施。204 年，曹操以鄴城為魏都；207 年大封功臣為列侯；208 年曹操罷三公制而為丞相^(註2)，自任丞相。一連串措施的推行，使曹操更有力地掌控了東漢皇室和中央朝廷，有效地發揮「挾天子以令諸侯」在政治和軍事上的效果。

應戰同時
大力改革

曹操大力整頓東漢末年以來在經濟、政治、社會、制度和文教方面的弊政，而推行一連串改弦易轍的新措施。東漢的中、晚期，弊政叢生，社會疲憊，歷朝只求因循，未能扭轉乾坤。到了漢末，競起的群雄，在進行生死存亡的軍事搏鬥，少有能在管治範圍內，針對弊政，推動較長遠的措施。其中，最敢於大刀闊斧從事種種革新的，就數曹操了。針對東漢以來出現的各種積弊，曹操果斷地推行不少新的措施。漢末三國的人物中，曹操最夠稱得上是一位政治家。他所推行的新措施的目的，固然在謀求當下能穩固自己的權位。就所推行廣泛的新措施來看，曹操對東漢末年政局之所以糜爛、社會經濟之所疲弊等方面積弊，是較有全面的了解和深刻體會的。從他年輕時出任中級中央和地方官員時推行的舉措，就可以看得出來。

（註 2）　丞相是百官之首，或稱「相國」。漢代也曾以「三公」代替丞相，兩種制度屢有更替。三公是：太尉，執掌軍務；司徒，執掌民政；司空，執掌水土建設工程。丞相也好，三公也好，理論上都是群臣之首。

奸雄與能臣
兼而有之

　　到曹操崛起，雲集於曹操周邊的，不管是盡忠於漢室的，還是自許輸誠於曹魏的，或兩者兼而有之的大臣，確有不少具超越同時期人物的治國經驗和眼光，曹操也能大膽起用他們，或放在中央朝廷或用於魏廷。他們為曹操出謀獻策，擔負起制定政策和推行落實的責任，對曹操的管治，發揮了重要的作用。以人物論人物，曹操的一生行事和作為，確實如大名士許子將（許劭）對他的品題「治世之能臣，亂世之奸雄」。大多數人理解許劭的這個評論，有意或無意強調了曹操的兩面性。即是在亂世，曹操會是一個奸雄；在治世，會是一位能臣。憑曹操一生的行事和才能，在亂世，能領軍打仗，以爭逐天下的奸雄；同時，也是深諳管治之道的政治人物。在三國的人物中，曹操是一位政治家與軍事家兼而有之的人物，只諸葛亮可比擬。

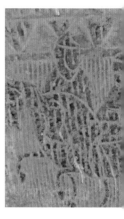

　　曹操既掃平了北方，內部又作了有效的安排和部署，要統一南方的意圖，就如箭在弦了。曹操南向的征伐，採取了分兵兩路的戰略：一是西南面指向割據漢中的張魯和巴蜀的劉璋；二是東南面瞄準居於長江中游及下游的荊州牧劉表和孫權。如果這兩方面征討成功，曹操統一中國的雄圖就指日可待了。

· **車騎出行圖**

漢代車騎制度，依其爵秩高低，分成五類。該圖騎從多達八人以上，又駕三馬，推斷其身分是郡太守，甚至可能是諸王、列侯等出行。曹操征漢中回朝，王粲詩句提到，當時「歌舞入鄴城」，是一種以歌舞迎接征兵的盛況，場面恐怕相當。（南陽漢畫館藏）

> 每排四騎，皆刀劍拽弓作前導。

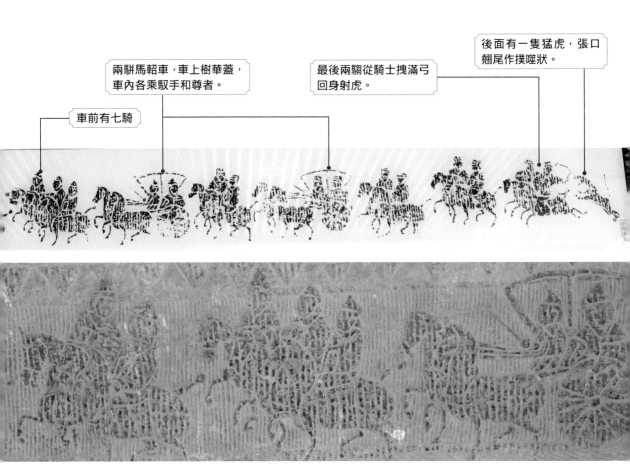

車前有七騎

兩駢馬輅車,車上樹華蓋,車內各乘馭手和尊者。

最後兩騎從騎士拽滿弓回身射虎。

後面有一隻猛虎,張口翹尾作撲噬狀。

· 車騎出行的情景

在鄴城文學作品時見的出巡場面,大概如此。圖中有二尊者各乘一輛馬車,車前有七騎為先導,車後有八騎隨行,圖像刻畫了漢權貴出入的氣派和場景。(南陽漢畫館藏)

車前兩排騎吏

一輅車,駕三馬,尊者端坐輿中,馭手挽繮揚鞭。

千年古都 鄴城

鄴城在漢末三國歷史舞台上，扮演了重要的角色。鄴城原是袁紹在冀州的大本營，建安九年（204年）曹操打敗了袁尚，據有冀州和鄴城，自此鄴城成了曹操的大本營。建安十八年（213年）漢獻帝封曹操為魏公，建立魏國，三年後曹操晉升魏王，建都鄴城。曹操長駐鄴城達16年，是曹操居住時間最長的地方。

　　曹操對鄴城作了大規模的城市建設，使鄴城成為北方僅次於長安、洛陽的繁華大城市。漢朝廷雖然都於許昌，其實政治中心已轉移到鄴城。220年，曹丕篡漢，次年雖然定都於洛陽，鄴城仍為魏國五都之一。司馬氏篡魏建晉，鄴城仍然作為晉的陪都。所以漢末魏晉的政治、軍事、經濟、社會和文化的重心，是在鄴城。

　　鄴城的建城，有着悠久的歷史。春秋（公元前658年）「九合諸侯，一匡天下」的齊桓公，修築了鄴城，這是鄴城建城的開始。鄴城經過了曹操和其後南北朝時期的石虎（295—349年）和高歡（496—547年）三次大規模的擴建，自此成為僅次於洛陽的最繁榮都城，直到580年楊堅滅掉北周，焚毀鄴城後，才告衰落。鄴城作為都城歷史長達1730年，名副其實是中國著名古都，所以有「七朝古都」之譽。

　　古代的鄴城，位於漳河的南岸。戰國時的鄴城，就以大家熟知的魏國西門豹引漳水以灌溉田地而著名。曹操時的鄴城，一直到北齊，位於漳河的南岸。現今鄴城的遺址卻在漳河的北部，這是由於明代時漳河改道的結果。原來繁華的鄴城，千年悠悠，已成為萬畝桑田。現在的三台村，就是古鄴城所在。登覽其間，仍可窺其踪影的依稀。（參考周一良《魏晉南北朝史論集續編》、譚其驤《長水集（續編）》、史昌友《鄴城‧鄴文化‧曹操》）

・鄴城風景

鄴城與安陽

鄴城距著名的古都殷墟（商代）安陽西南僅三里，鄴城與安陽在歷史上，密不可分，甚至可以說是同一個地方。安陽位於太行山的東麓、豫東冀南地區，其間有漳河、洹河、淇河、衛河諸河流。安陽是中原的腹地，自考古上的新舊石器時代，或文獻傳說的黃帝、顓頊、帝嚳、堯、舜、禹，都曾在太行山東麓的安陽一帶，留下了活動的遺跡。

安陽宮殿遺址位於小屯村北，1928 年開始發掘。安陽遺址的發現和挖掘以及出土的文物，轟動世界。證實了和大大豐富了文獻所記載的殷商歷史和文化，成為中國近代考古的濫觴。安陽共有基址 50 餘座，分成三組，有窖穴、水溝和墓葬，出土了大量甲骨文、玉器、青銅器和陶石器。宮殿區北部和東部是洹河，南部和西部有一條與洹河相通的防衞溝。

· 洹河小屯村渡口　　　　　　　　· 洹河及殷墟遺址復原宮殿

鄴城與安陽位置圖

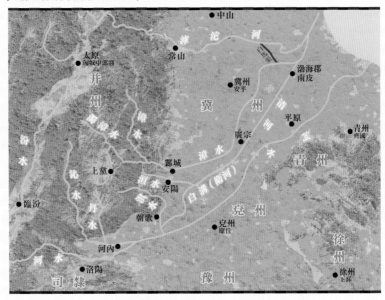

注：圖中水系為三國時期流向參考，與今日之流經流向有差別。

・安陽宮殿復原圖

前方青銅器為仿製著名的「司母戊」鼎，後方為殷墟原址復原宮殿。

　　1975 年冬，在安陽小屯村西北發現了殷代一大型的墓葬「婦好墓」。考古學家在陸續出土的 200 多件青銅禮器和樂器中，發現銘文以「婦好」及「司母辛」字樣為最多。再參考存世甲骨文的記載，推斷墓主人是商代中興之主武丁的皇后，廟號為司馬辛。該墓共出土了各種隨葬器物 1928 件，包含有青銅器 468 件、酒器 156 件、玉器 700 多件、貝殼貨幣 6880 枚、銅鏡 4 面和大量兵器。婦好墓是至今殷墟發掘唯一保存完整、可與甲骨文互印、有確切紀年墓主姓名的殷代王室墓葬，對了解商代後期的歷史文化，有着重要的學術價值。

· 殷墟婦好墓和婦好石雕像

鄴城位於古山東地區的中心。背靠山西高原，東南北三面是古代經濟最發達的黃淮大平原，田地千里，漕運四通。一直是中原的核心地帶。戰國魏文侯派西門豹任鄴令，大事治水鑿渠，引河水以灌民田。曹操在鄴，也大事屯田，發展治水、漕運和工商業。東漢建安八年（203年）曹操攻下黎陽（今河南省浚縣），並於次年開鑿白溝。其後，又在黃河以北興建了一系列溝渠的漕運工程，形成了黃河北岸重要的水路交通網，成為日後著名的大運河永濟渠的前身。黃河以北的漕運的開拓，既促進了農田水利，而曹魏定都鄴城後，大量物資得以從黃河之南通過水路運往北方，滿足經濟和軍事的需要。曹操極重視屯田和漕運，在亳州、許昌和鄴城，都大肆從事屯田和漕運的建設。曹操臨死遺命，「吾死之後，葬於鄴之西崗上，與西門豹祠相近」。曹操死後的這種安排，或是稱許西門豹漕運利民的功績，也不無自詡漕運水利功勞可媲美西門豹之意。

・鄴城現在周圍的農田風貌

曹操精心擘畫魏鄴城

鄴城分南北城，鄴北城是曹操親自規畫建築的。政治和軍事才能之外，曹操確實多才多藝。鄴城經過曹操的精心擘畫，形制規整，一改過往朝代都城不規則的結構。城內有東西向的大道，將鄴城分為南北兩部分。北部為宮殿、苑囿、宮署和貴族居住區，南部則是一般居民的里坊區，南北再建有作為中軸線的大道。曹操所經營的鄴城佈局形式，在中國都城建築史上具創新作用，影響了隋唐時期著名的長安城的建築。南城則是東魏、北齊時建造的。

鄴城在魏晉南北朝時的城市的宏偉和社會的繁華狀況，歷史上仍留下一些記載，如晉左思的《三都賦・魏都賦》、陸翽的《鄴中記》、北齊楊楞伽的《鄴都故事》和無名氏的《鄴中記》，供後人認識繁盛時鄴城的面貌。

· 鄴城模型
（鄴城博物館藏）

| 鄴城平面圖 |

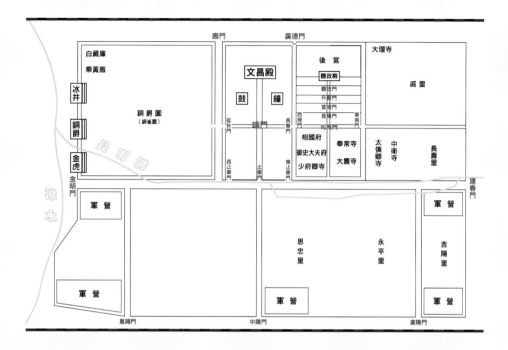

建安文學淵藪
鄴城三台

鄴城三台，尤其是銅雀台，在歷史上名氣很大。如今雖然城樓湮滅，幸尚留下高台遺址，供人憑弔。《三國演義》第44回〈孔明用計智激周瑜〉有一情節，說孔明引曹植的《銅雀台賦》中的「攬二喬於東南兮，樂朝夕之與共」，以證明曹操所以南征，是因為「吾一願掃平四海，以成帝業；一願得江東二喬，置之銅雀台，以樂晚年，雖死無恨矣。」

· 鄴城三台模型
（鄴城博物館藏）

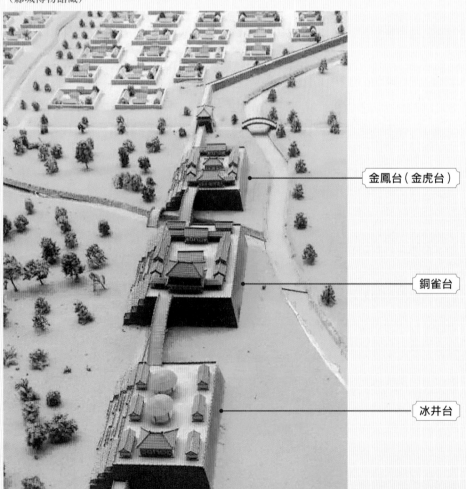

金鳳台（金虎台）

銅雀台

冰井台

《三國演義》雖是元末明初的小說家言，但銅雀台與二喬的傳說出現很早。傳頌最廣的自然是唐代大詩人杜牧的《赤壁》七律中的兩句，「東風不與周郎便，銅雀春深鎖二喬。」銅雀台等三台，建築得美輪美奐，具有多種功能：是娛樂場所；是曹操講武論文的地方；是曹操儲兵器糧草的地方；也是防禦軍事的要地。曹操父子，與文武大臣，白天在這裏講武論政，晚上則聚宴論文賦詩，是著名一代「建安文學」的淵藪。

　　以銅雀、金虎及冰井為名的「三台」，位於鄴城的西北角城上，正正就在現今的三台村。銅雀、金虎和冰井三台，依次建於建安十五年（公元 210 年）、十八年（213 年）和十九年（214 年）。三台的高度平均達 8 至 10 丈，三台之間，相隔 60 步，中間有懸空的吊橋式的閣道相連接。每台分別有房間百餘間，櫛次鱗比，宏偉壯麗，金碧輝煌。最先建造的銅雀台是三台的主樓，也是全鄴城的最高點，離地面 30 多米。頂部裝上了一有三米高的大銅雀，所以命名為銅雀台。金虎台高八丈，有房屋 130 間。十六國時後趙都於鄴，為避建武帝石虎而改為金鳳台。冰井台其實是曹操的戰備倉庫，儲備各種物資，台上建有三座冰室，每室有深井數眼，儲藏大量的冰塊和煤炭等。

　　三台的壯麗如西晉左思《魏都賦》說「擬華山之削成」，「三台列峙以崢嶸」，另《行水金鑑》說，「引漳水入鄴城經銅雀台下，水激有聲不絕」。建安十五年銅雀台成，曹操率領諸子和重臣登樓，使各為賦。曹丕、曹植兄弟的《登台賦》仍存世。到了後趙石虎，《鄴中記》說「三台更加崇飾，甚於魏初」。現在我們可以登臨的高地，只是金鳳台一台的遺址，基址殘存南北長 122 米，東西寬 70 米，高 12 米，原台基的面積和高度比遺留下來的相信還高大。十六國之後，戰爭頻繁，三台已漸殘破。明代中葉，漳水泛濫，冰井台和銅雀台被洪水沖沒，唯留下了金鳳台的台基而已。

　　鄴城雖位於河北中原的核心地帶，因是廣闊的平原，無險可守。曹操在鄴城西北隅因城為基，築銅雀台等三台，實際具有防禦工事的性質。「司馬門」原是曹操的軍事禁地，把守嚴密。除非有戰爭，此門不能打開。在這裏發生了一樁改變了曹植命運的事件。曹植因一次「任性而行，不自雕勵，飲酒不節，竟乘車馳道中，開司馬門出」（《三國志‧魏書十九‧陳思王植傳》），致令曹操大怒，而失去對曹植的信任。對於此事，曹操原話說：「始者謂子建，兒中最可定大事。」卻因「自臨菑侯植私出，開司馬門至金門，令吾異目視此兒矣」。

· 金鳳台殘存遺址
三國時期，此處是城牆，三台座西向東，西側是防禦面。

· 金鳳台階
往東登階，有高台矗立，就是著名的金鳳台。

·由金鳳台俯瞰西面

金鳳台，初名金虎台，位於銅雀台之南。曹魏時期，
台高八丈，台上有樓閣房屋 135 間，因十六國後期
戰亂頻繁而漸殘破。

·金鳳台的轉軍洞

轉軍洞是曹操為備戰而修建的。由此經鄴城而可以通往城外的秘密通道。向西
一直通到講武城，長約六公里。一旦發生戰爭，可以把城外軍隊調進城內，加
強防禦的力量。也可以將城內的軍隊，潛出城外，出其不意地出現在敵人的後
方，內外夾擊。現在的轉軍洞，僅存 83 米。

· 金鳳台地基

時因漳河大水泛濫，冰井台全部、銅雀台大部分被沖沒，只金鳳台台基至今仍然屹立。可見地基堅實整固，初建時工程的浩大。

·登金鳳台向西北望

農田一望無際，如在古代，應可見河水滔滔的
漳河。曹植的《銅雀台賦》有「立中天之華觀
兮（銅雀台之華麗堂皇），連飛閣乎西城（近
城池西北）。臨漳水之長流兮，望園果之滋
榮」，描述銅雀台內外之華美。

文采風流話鄴城

曹氏父子是三國時期的文學大家，又招攬了以「建安七子」為首的一眾文士，集一時文學之彥。不時文酒詩會，遂使鄴城成為著名的「建安文學」的淵藪，留下了不少傳誦千古的宏文。三國時代，論文學之盛和文學的成就，曹魏獨擅其勝，劉蜀與孫吳相對失色。這當然是因曹操父子三人，擅勝文學，戛戛獨造，能起一代的文學風氣。曹操一生思想着意，以文學而取代兩漢以來高門士族所倡導和壟斷的儒家經學，有其政治和文化上的考慮。

　　建安存世的作品，不僅是一代文學的傑作，也無形中成為後世了解當時生活情景的最直接的材料。閱讀曹氏三父子和建安文人的作品，仍讓我們感受到鄴城三台、銅爵園、東閣、講堂和文昌閣等場所，在 2000 年前的文采風流，彷彿依稀，如幻如影。

　　文昌殿、東閣及講堂，是曹氏父子與一眾文武大員，日間論政弄文，晚間歌舞飲宴的場所。銅爵園，因位於文昌殿的西面，又稱西園。曹丕兄弟與建安七子等詩文中著名的「西園之會」，就在這裏舉行。曹氏兄弟尤其是曹丕，喜歡舉行詩文宴飲。曹丕於《善哉行》中自己説，「朝日樂相樂，酣飲不知醉。悲弦激新聲，長笛吐清氣。弦歌感人腸，四坐皆歡悦」。曹植《公宴》詩中也説，「公子（曹丕）敬愛客，終宴不知疲。清夜遊西園，飛蓋相追隨。」

至於詩文酒會的盛況，曹植《元會詩》說及置宴文昌殿，「……宴此高堂。尊卑列敘，典而有章。衣裳鮮潔，黼黻玄黃（黑白紅黃）。清酤盈爵，中坐騰光。珍膳雜遝，充溢圓方（指食器）。笙磬既設，箏瑟俱張。……仰瞻華梁……歡笑盡娛，樂哉未央」在「西園之會」，曹丕留下了《芙蓉池作》，而曹植、王粲、陳琳、應瑒及劉楨也「酒酣耳熱，仰而賦詩」，各自有《公宴詩》為題以紀其事。宴後餘慶未了，曹丕等還「乘輦夜行游，逍遙步西園」，詩內更具體描寫了西園的設置和景色。應瑒在《公宴詩》中有「開館延群士，置酒於斯堂。辯論釋鬱結，援筆興文章。穆穆眾君子，好合同歡康。」另在《侍五官中郎將（曹丕）建章台集詩》中有「公子敬愛客，樂飲不知疲。和顏既已暢，乃肯顧細微。……為且極歡情，不醉其無歸。凡百敬爾位，以副饑渴懷。」這些詩文都活現詩文酒宴會的場面和情景。

　　另曹丕的《夏日詩》講的是建安末年曹氏昆弟與友朋和時彥，良辰美景，作賞心樂事的避暑遊宴。場面是「比坐高閣下，延賓作名倡，弦歌隨風厲，吐羽含徵商（羽徵商是中國音調中的三個音調）。嘉肴重疊來，珍果在一傍。棋局縱橫陳，博奕（六博和圍棋）合雙揚。巧拙更勝負，歡美樂人腸。從朝至日夕，安知夏節長。」鄴城是「建安文學」的搖籃，而銅雀、金虎和冰井三台，在金戈鐵馬的時代，留下了文采風流，讓人感慨緬懷。（參考俞紹初《建安七子集》）

一侍女頭像，梳高髻，紅色領口，目視前方。

女主人身穿白地紅點長袍，頭梳高髻，面部朝向右前方，裏一雙色抹額，髮髻上插一步搖，雙手拱於胸前。

男主人面朝左，頭戴黑冠，穿寬袖紅袍，領袖口飾黑邊，內穿白單衣。左手端起一小盤，盤內有一耳杯，右手曲於胸前。

帶屏大牀

棜案

耳杯

圓盤

朱色圓樏

五個黑色小耳杯

· 夫婦宴飲圖

宴會期間，侍童服侍主人上菜及酌酒，此繪圖充分反映
當時貴族飲食的狀態。（洛陽博物館藏品摹本）

侍童穿長白袍，梳高髻，腰繫素帶，
下穿素色褲子、黑鞋，右手持長柄在
尊中酌酒，左手端圓盤，盤中有耳杯。

·黑漆朱繪雕龍紋勺

此為舀酒器，柄由長竹條製成。柄端一段朱漆
地，有浮雕龍紋，極具氣派。（湖南省博物藏）
（劉煒提供）

·黑漆朱繪夔龍海潮紋盤

盤身上大下小，平底，底心微凹，可盛載食物。
底心有三組動物圖案。盤身內壁繪夔龍，外壁
繪海潮紋，十分精緻。（貴州博物館藏）（劉
煒提供）

·彩漆雲紋耳杯及盒

耳杯的取名是有耳的杯。有一些是杯耳與杯口
取平，有一些是杯耳微微上翹。耳杯裝在專用
的盒中，用作飲酒。耳杯中心書「君幸酒」三
字，含勸客人開懷暢飲之意。

三足笛形尊

三足圓形承旋

文娛
博奕之樂

詩酒宴會外，從鄴城文人作品中，也留下了不少有關文娛博奕的活動的紀事，為我們可略知道當時權貴豐富文娛生活的一斑。加上不斷出土的文物，為我們留下了了解當時飲宴場面和佳餚美酒之樂，以至各式娛樂博奕的實物形象，文學描寫配合文物實證，情景更具體生動了。

　　曹植有樂府詩《侍太子坐》，具體描寫了文酒詩會的場面。「寒冰辟炎景，涼風飄我身。清醴盈金觴，肴饌縱橫陳。齊人進奇樂，歌者出西秦。」另有樂府《箜篌引》，也説及「置酒高殿上，親交從我遊。中廚辦豐膳，烹羊宰肥牛。秦箏何慷慨，齊瑟和且柔。陽阿（孝成趙皇后故事）奏奇舞，京洛出名謳。樂飲過三爵，緩帶傾庶羞。」

搖建鼓　　吹排蕭　　吹塤　　搖鼗鼓　　擊鐃

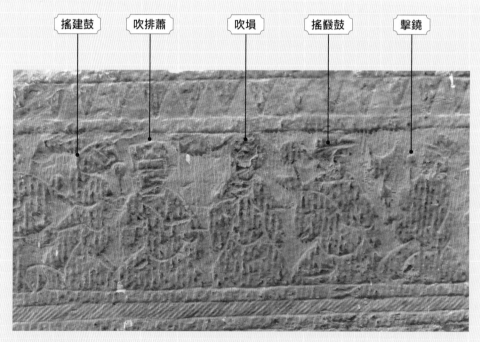

· 五樂伎演奏圖
（南陽漢畫館藏）

伎人鼓瑟

右四人跪坐，邊飲酒，邊聊天，邊聽樂，意態休閒。

・踞坐賞樂圖

石刻共五人，鄴下文人在詩文時提及幾種樂器，並以之為詩題。建安七子阮籍父親，東漢著名文學家阮瑀善鼓琴，有《琴歌》、《箏賦》，「惟夫箏之奇妙，極五音之幽微」。（南陽博物館藏）

左兩伎相向在樽上作單手倒立，樽兩旁各置一壺。

一俳優單腿跪地叉腰揚臂，旁置樽、壺各一。

一女伎揄長袖作舞。

一女伎踞坐鼓瑟。

二人皆右手執枹擊鞞鼓，兩人放一酒樽。

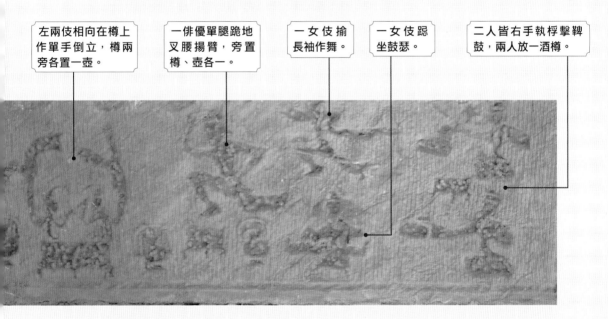

・樂舞百戲

漢代樂舞是揉合音樂、舞蹈、音樂、體育、幻術及舞劇等多種文體形式的綜合演出。它是楚樂舞、中原樂舞與西域樂舞相互影響下發展而成的。西域及西南少數民族樂舞、雜技及幻術傳入，再加上樂府建立，豐富了多彩的藝術形式。百戲是多種雜技性樂舞節目，包括走索、跳丸、拋劍、倒立及吞刀吐火等高難度動作。（南陽漢畫館藏）

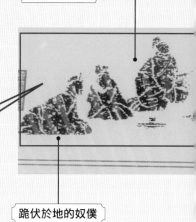

二人觀看表演

跪伏於地的奴僕

· 盤鼓舞

此石刻畫像是舞樂百戲場景。由此可反映漢代民間酒會，及豪族富人宴客時文娛的景況，圖中的盤鼓是當時流行助興的樂舞，風靡一時。（南陽博物館藏）

· 彩繪陶樂舞雜技俑

陶俑結合壁畫及畫像石的樂舞百戲，更能生動立體體現當時漢人多姿多彩的文娛活動。（劉煒提供）

四人頭戴環形冠，身穿紅袍，拱手而立。

七人為伴奏樂隊，吹笙、撫琴、擊鼓、敲鐘、拍長鼓和擊建鼓。

頭戴冕形冠，身穿朱彩黑袍，拱手而立，面前置酒漿二尊，觀賞樂舞雜技表演。

二女子身穿紅白花長衫，翩翩起舞。

二人作拿大頂，一人翻筋斗，一人作「倒挈面戲」。

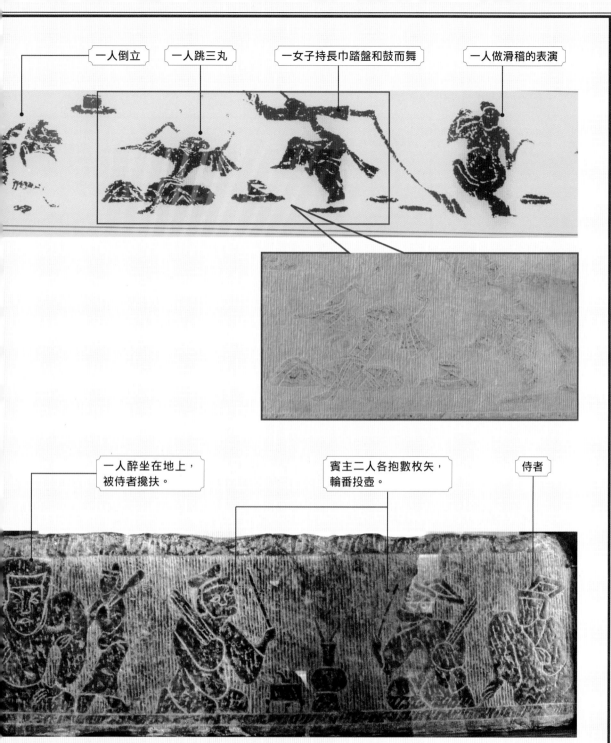

一人倒立　　一人跳三丸　　一女子持長巾踏盤和鼓而舞　　一人做滑稽的表演

一人醉坐在地上，被侍者攙扶。　　賓主二人各抱數枚矢，輪番投壺。　　侍者

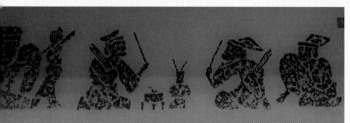

· 投壺圖

「投壺」是中國一種歷史悠久的飲酒遊戲，由射禮演變而成。兩人各持數矢，輪流投壺，投中者贏，不中者罰酒一杯。投壺和雅歌連在一起，成為漢代儒士的高雅活動，魏晉以後增添不少花樣，一直流行至清代，深受上層精英歡迎。（南陽博物館藏）

棋子

棋盤

左右各有一人伸臂唆使雙方鬥雞相鬥。

兩雞怒目相視，作欲撲鬥。

· 六博陶俑

六博是一種對奕的娛樂遊戲，盛行於戰國到漢代。博具中有六根箸，所以名六博。對博雙方各有六枚棋子，對博時要先投箸，決定行棋步驟。最後，一方將另一方的梟棋殺掉，就取勝。（大都會博物館藏）

· 鬥雞圖

曹植有「鬥雞東郊道，走馬長楸間」。應瑒有《鬥雞詩》，描寫的鬥雞場面很大。並說「芥羽張金距，連戰何繽紛！從朝至日夕，勝負尚未分。……四坐同休贊，賓主懷悅欣。博奕非不樂，此戲世所珍」另劉楨也有《鬥雞詩》。（南陽博物館藏）

傘下有食物和酒。

第四章

西伯自處

坐觀時變

┌─────────────────────────────────────┐

3 東漢末年在爭霸的「群雄」中，據有荊
楚的荊州牧劉表，勢力不少。但劉表卻在
競爭中，屢屢坐失良機。到曹操統一黃河
南北，荊州的劉表，就成為曹操要征服的
主要對象。

└─────────────────────────────────────┘

劉表（142－208年）字景升，劉氏宗室，是漢末大名士，被譽為「八友」[註1]之一。劉表自190年任荊州刺史，後改為荊州牧。他在荊州的統治，主要是依賴蔡瑁和蒯越等荊州當地豪族的支持。在袁紹、袁術、張繡、陶謙、呂布和曹操等人忙於互相攻伐的時候，劉表依違其間，乘勢在江南擴展自己的勢力。建安五年（200年）劉表攻下了長沙、零陵及桂陽三郡，拓地千里。劉表據有荊州，經過19年的經營，終於「南據江陵（今湖北宜昌），北守襄陽」，地盤穩固，實力雄厚，成為南方最具實力的割據勢力，也因此而成為了曹操南下擴張最大的眼中釘。

態度保守
屢誤戎機

曹操和袁紹在「官渡之戰」生死相搏的時候，劉表對雙方所持的態度很關鍵。劉表與袁紹雖然一直保持南北互為犄角的同盟關係，也知道曹操對他不懷好意，但是在這場戰役中，劉表的基本態度，還是置物事外，委蛇袁紹，以觀望成敗。在群雄持續而劇烈的拚鬥過程中，劉表大多數時候，都持坐觀成敗，不圖進取的保守態度。所以每在關鍵時刻，屢屢坐失時機，致令內外對他失望。但是劉表卻心存野望，孔融即曾上疏說，「竊聞領荊州牧劉表桀逆放恣，所為不軌，至乃郊祭天地，擬儀社稷。」（《後漢書·卷六四·孔融傳》）198年，曹操攻打在下邳的呂布；200年，曹操應付生死存亡的官渡之戰；204年，曹操北征袁氏兄弟；207年，曹操北征烏桓等等，都是劉表主動出擊曹操的大好機會，而他未採取任何行動，屢誤戎機。在曹操北征烏桓的時候，寓居荊州的劉備，就曾勸劉表乘機襲擊許都，但也不為劉表所接納。

（註1）　劉表少時知名，與同郡張隱等八人被號稱為「八交」或「八顧」。表另與范滂、張儉等號為「八友」。

東漢末年群雄割據中，身為劉氏宗室、位居地方大宦的倒不少。但這些宗室身份的群雄，在漢末爭霸的初期，大多已被一一吞併掉，餘下只有荊州牧劉表和益州牧劉焉。這些宗室大宦，名望大，實力也不小，又有宗室的名義可作號召。最後仍然失敗，說明了沉溺在漢末舊體制、舊觀念之下，不管是宗室大宦、世家官僚，均已無法應付漢末紛亂動盪的局面。

劉表治下的荊州，最為人稱道的倒是能匯集人才，興盛文教。人才，是漢末三國時期競爭的最重要條件。人才本就是在管治上最重要的資本，太平盛世和亂世都如此，只是需要的人才不同。但是亂世對人才的渴求，更形迫切，因為關乎生死存亡。所以漢末群雄中，最終能崛起的，大都是能積極招攬人才的群雄。曹操如此，孫策和孫權如此，後來的劉備也如此。

空納人才
不以善用

可惜，偏偏以禮重人才而馳譽於時的劉表，卻名不副實，在荊州空儲濟濟的人才，而不為所用。荊州內外不少有識見之士，對於劉表治下的荊州是首善之區的實際狀況，並不樂觀。當時避難荊州，劉表待以賓禮的裴潛，私下就對同寓荊州的好友王粲和司馬芝說：「劉牧非霸王之才，乃欲西伯（周文王）自處[註2]，其敗無日矣。」同樣，避亂荊州 16 年、為劉表用而不被重用的東漢著名文學家王粲，也評論說：「劉表雍容荊楚，坐觀時變，自以為西伯可規。士之避亂荊州者，皆海內之儁傑也；表不知所任，故國危而無輔。」對劉表治下荊州這樣的憂慮，連一介武將、原是荊州將領的甘寧也指出說，「（劉）表，儒人（學者）也，不習軍事。時諸英豪各各起兵，寧（稱甘寧自己）觀表（指劉表）事勢，終必無成，恐一朝土崩，並受其禍」。

（註2）　西伯指周文王，姓姬名昌，受商封為西伯。曾被紂王囚禁於羑里（今河南安陽市湯陰縣城北），後得釋歸。治理昌盛，定都於豐邑（今陝西灃河西岸），天下諸侯多歸從之。在位 50 年，為其子武王滅商奠定基礎，相傳他在被囚期間曾演繹《易經》的八卦。

重用豪族
以利相衞

對於劉表在荊州對待人才的態度，寓居荊州、洞悉大局的如司馬徽及龐德公等大名士，明白劉表只是「能養士而不能用，虛得其譽」而已。所以他們雖寓居荊州，寧願懷才隱居，不肯出仕劉表。即使雲集荊州的一眾青年才俊，如徐州琅琊諸葛亮、冀州博陵崔州平、豫州潁川徐庶、石韜、汝州孟公威和本地的龐統等，都不為劉表所用，或不肯為劉表所用。劉表「能養士而不能用，虛得其譽」，是荊州有識者的共識。東漢末年是亂世，亂世最重要的是能招攬有所擔當的用世之才，劉表卻聚才而不能用。

據荊州 20 年，劉表重用的只是蔡、蒯等地方豪族，以利益相衞，是典型的「小圈子保守政治」。所以，劉表也好，袁紹也好，養士的目的和心態，仍然沿襲東漢以來大宦養士注重求名，博取聲譽，不在求得真正可用人才的虛矯風氣。太平盛世的時候，養士或可以邀虛譽；但在波詭雲譎的亂世，招聚的應該是力能挽救狂瀾的各種人才，否則只會自取其禍，袁紹與劉表都是例子。到曹操揮軍南下，兵臨城下，荊州位高權重的文武大員，竟無一位挺身而出，抵抗曹操，倒成為保自己的身家性命，出賣荊州的要角。而自各地南下的濟濟人才，也只袖手旁觀，無所作為。結果一如王粲所預測的「國危而無輔」。劉表對屯駐樊城前線的劉備，也多所疑忌而不敢重用。荊州的地方豪強，不僅抵制排斥劉備，甚至要除之而後快。

劉表最大成就
在文教

反觀曹操南下，甫佔領荊州，就大量搜羅和起用不少當地人才。兩者比較，曹操和劉表兩人的政治眼光和能力，高下立見，劉表又昧於局勢，欠缺權變的能力。劉表一生的行事和表現，在太平盛世，相信不失為是一位賢能的大官僚。可惜處於亂世，卻非濟世、能力挽狂瀾之才。這是歷史常見的現象，在在反映了中外古今，「人才與時勢」互為表裏的不易道理。晚年的劉表，又重蹈袁紹

覆轍，棄嫡擇庶，自造禍端，讓曹操有機可乘，輕而易舉取得了荊州。^{（註3）}

最值得肯定的，劉表管治下的荊州，最大的成就是在文教。他優惠儒生，以至前來荊州避難者，絡繹於途。關西的京洛、兗、豫以及巴蜀求學士人，紛紛雲集荊州。「五載之間，道化大行，耆德故老綦母闓等，負書荷器，自遠而至者，三百有餘人」。「吏民子弟受學之徒，蓋以千計，洪生巨儒，朝夕講論，閭閭如也。雖洙泗之間，學者所集，方之無異也。」在紛亂的漢末社會，荊州竟成為「文化綠洲」，在學術文化和思想上，大放異彩，對日後的影響也深遠，這是劉表治荊州的歷史貢獻。

（註3）　劉氏兄弟為劉表長子琦及少子琮。表及後妻皆愛少子琮，欲以為嗣，琦與琮遂為仇隙。袁紹子袁譚及袁尚爭嗣，劉表曾致譚信，諫以兄弟之義。結果劉氏兄弟，重蹈袁氏兄弟之覆轍。

年份（公元）	年齡	事件
142 年—184 年	1—42 歲	出生於山陽郡高平縣（今山東鄒縣西南），為郁根侯劉驕後代。年輕時接受儒家教育，享有名聲。曾參加太學生運動，因黨錮之禍而逃亡。
184 年	43 歲	受大將軍何進徵召入朝，任北軍中候。
190 年	49 歲	荊州刺史王叡被孫堅所殺，朝廷指派劉表繼任。與荊襄大族合作，驅逐當地宗賊。遂得以治理荊州，大興文教，開立學官，博求儒士。
191 年	50 歲	與袁紹結盟對抗孫堅與袁術。與孫堅交戰時先敗後勝。孫堅死於伏擊，亦反敗袁術。
198 年	57 歲	驃騎將軍張濟攻打南陽被殺。劉表招降張濟之侄張繡，讓其駐紮於宛城對抗曹操。攻下長沙太守張懌據守的零陵、桂陽，廣開土地。
199 年	58 歲	與交州牧張津作戰經年。
201 年	60 歲	收留被曹操打敗的劉備，安排其駐紮新野對抗曹操。派兵攻陷西鄂。
202 年	61 歲	劉備於博望打敗曹將夏侯惇，使劉表猜忌劉備。
203 年	62 歲	203 年，張津被殺。派遣賴恭出任交州刺史、吳巨為蒼梧太守。曹操不欲其坐大，以士燮為綏南中郎將督領七郡。繼承人人選猶豫不決，長子劉琦任江夏太守。
208 年	67 歲	劉表於曹操南下前病逝。次子劉琮繼任荊州牧，不久投降。

鐵打襄陽

襄陽古城是中國當前保存得最完整的磚砌城池，古城擁有寬闊的護城河，河寬平均達 180 米，宋時由土城改為磚城。襄陽城呈不規則長方形，北臨漢水，城牆依河而築。東西南三面分別築有子城，子城四周環水，與主護城河連成一體。襄陽城的護城河，是引檀溪水來調節水位的，城池佈局嚴密，易守難攻。襄陽在三國時期，是必爭之地。

東漢末期，襄陽城是劉表州治所在。關羽攻打襄陽，曹魏曹仁據城死守，這都是三國時期在襄陽驚心動魄的攻防戰。不僅在三國，其後南北朝時前秦苻堅攻打襄陽，東晉梁州刺史朱序據城堅守了三年。宋元之際，蒙古大軍一路南下，勢如破竹，公元 1273 年圍攻襄陽而受阻，呂文煥孤軍守城，孤立無援，竟堅守達五年；所以襄陽城有「鐵打襄陽」之稱。

襄陽城除了城池本身堅固外，地理形勢亦極之重要。襄陽介於秦嶺山地與江漢平原的中間，位於南陽盆地的南端，與南陽城分據南陽盆地的南北。襄陽城本身三面環水，漢水自西、北及東繞道南流，成為天然的護城河。三面傍山，南面七里是險峻的峴山。漢水北面是一水之隔的樊城，現在合稱為襄樊市。襄樊二城依山傍水，「檀溪界其西，峴首互其南，漢水如帶縈乎東北，楚山如屏峙乎西南」構成一嚴密的軍事防禦系統，易守難攻。

襄樊又位於荊、豫、雍等各州南北交通的孔通。北距南陽 250 里，南至江陵 470 里，中間有荊門和當陽，原是大片森林地帶。所以襄陽與南陽的聯成一氣，顧祖禹在《讀史方輿紀要 · 卷五十一》言：「南蔽荊、襄，北控汝、洛」，襄陽具有牽一髮而動全身的戰略位置。

· 兩城之間的漢水

劉備守樊城，劉琮軍於襄陽，關羽水軍游弋於兩城之間的漢水。

· 襄陽城城樓

· 北臨漢水的臨漢門

· 壯觀雄偉的襄陽城牆

· 襄陽城外的寬闊的護城河

第五章

南方之強

孫吳崛興

3 東漢末年，不但州郡大員割據競雄，地方上的大小豪強也乘機蠢動。出身於江南土豪的孫堅，雖然勢力和資望不足，但是所率領的江東子弟兵，卻能穿州過郡，在戰鬥中迅速壯大，成為一股不可忽視的武裝力量。

孫堅率子弟兵北上，初隨朱儁征伐黃巾，又隨張溫西入涼州，攻打邊章和韓遂，再參與關東盟軍討伐董卓之役。在這幾項的軍事行動中，孫堅的表現，都相當耀眼，是東漢末年能以「寒族」而能建功立業的代表。

191 年，劉表與袁術爭奪荊州，依附於袁術作為先鋒將軍的孫堅，屢敗劉表的大將黃祖。可惜卻為黃祖部下設計伏殺，終年才 37 歲。孫堅死後，由 18 歲的長子孫策繼承父業，仍受袁術的羈縻，原來屬於孫堅的部隊，大多為袁術所節制。

孫策六年間
討平江東

漢末三國，是「英雄出少年」的歷史時代。孫策是名副其實的少年英雄。孫策雖然謂繼承父親孫堅的事業，但孫堅死後，部眾星散，各有所附歸，主要部隊為袁術所控制。最初手下只有一、二千的將士。孫策自小志氣遠大，文韜武略，懂得禮賢下士，廣交豪傑。結交知名人士，善於用人。他與江淮青年俊彥周瑜「推結分好，義同斷金」（《江表傳》），又爭取得大名士張紘出山相助；又陸續招攬了一批勇武之士如甘寧、太史慈等。勢力雖然不大，卻能早就制定了一套長遠的發展方略，且按之而逐步貫徹實行。孫策親近將士，治軍嚴明，不犯民間秋毫，深得民眾愛戴，所以昵稱他為「孫郎」，能得士民死命。由 194 年到 200 年，僅用了六年的時間，孫策以單薄的武裝力量，不斷在戰鬥中壯大。接連戰勝了劉繇，反叛了袁術，擊敗了劉勳，終於討平了江東，領有會稽、吳、丹陽、豫章、廬江及廬陵六郡之地，威震一時。聲勢所及，以致袁術感歎說，「使術有子如孫郎，死復何恨！」

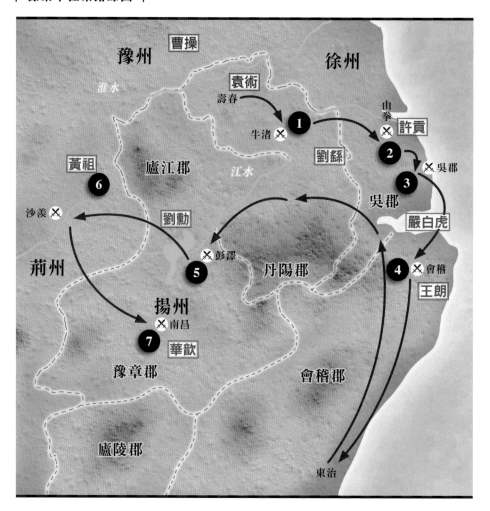

戰役	年份（公元）	敵對勢力	地點
❶	195 年	劉繇	牛渚（今安徽馬鞍山市采石鎮）
❷*	195 年	許貢	由拳（今浙江嘉興市南）
❸	196 年	嚴白虎	吳郡（今江蘇蘇州市）
❹	196 年	王朗	會稽（今浙江紹興市）
❺	199 年	劉勳	彭澤（今江西九江市彭澤縣）
❻	199 年	黃祖	沙羨（今湖北武昌縣西南）
❼	199 年	華歆	南昌（今江西南昌市）

＊此役由孫策部將朱治領軍

這六年，在群雄中，數河北的袁紹，河南的曹操和江南的孫策，發展勢頭最為迅猛。相比袁紹、曹操，以至各路群雄，孫策是他們的後輩，憑藉單薄。王朗向曹操報告說，「策勇冠一世，有儁才大志……謀而有成，所規不細，終為天下大賊，非徒狗盜而已。」（《三國志．魏書十三．王朗傳子名肅》）王朗這樣的說法，出於敵視之辭，但是承認孫策是一個「有儁才大志」「所規不細」的人。連不可一世的曹操，聽聞孫策已平定江南，意氣難平。因為這樣，孫策不僅成了他日後進伐江東的阻力，甚至說出「獅兒難與爭鋒也」的話，只好對孫策採取了安撫政策和攏絡的手段。曹操以弟弟的女兒婚配孫策最小的弟弟孫匡，又為子曹彰娶了孫策的從兄孫賁的女兒；又以朝廷名義，禮辟孫策的弟弟孫權和孫翊。史著有載，孫策知道曹操在官渡與袁紹對峙時，打算要出兵襲擊許昌。如孫策真有此意圖並得以實行，袁、曹的決戰，結果則不可逆料。三國歷史走勢又當如何？可惜孫策與父親同命運，因恃勇率性，而被伏擊致死，死時才 26 歲。

重用謀士
重荊襄戰略

孫策自己勇猛善戰，雖然年青，但有謀略，又重視戰略；禮賢下士，能得部下擁護和百姓安心，絕非勇武之夫。古今同樣，能成大事的，必須有戰略思想，而戰略的高低和可行性，也決定了成敗和成敗的大小。孫策多次主動登門拜訪守孝在家的廣陵大名士張紘，「咨以世務」。情況有如劉備三顧諸葛亮，不同的是，孫策以年少英雄而謙虛登門，以請教於老成而有名望的張紘；劉備則以資望、閱歷、被視為「梟雄」的老成，「枉駕」年輕未出茅廬的諸葛亮。劉備和孫策，兩者相同的是，都面臨着力弱勢蹙、在何去何從的處境，能謙虛就教於才智之士。

經過與張紘的多次的對話，孫策自此遵循他提出的「保江東，觀成敗」，「荊不離揚，揚不離荊」，「居吳則重荊襄」的戰略，有發展的目標以作號召。到孫權當政，重用魯肅，尤其重視魯肅所提出，居吳則重荊襄，要爭奪長江上游外，最終目標，是「竟長江所極，據而有之」。則是說，兼有荊、揚兩州之外，再要控制秦嶺、淮河以南的整個南方，然後北伐，成就「高帝（漢高祖劉邦）

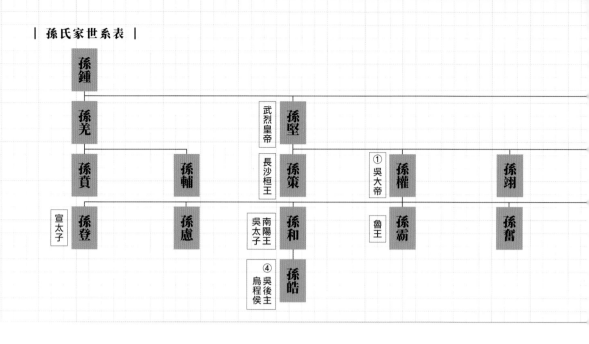

之業」，以統一天下，取漢而代之。孫策殞命，只有 19 歲的孫權，得與孫策情如手足的周瑜和謀臣張昭的擁戴，接手父兄打下的基業，主持起孫吳爭雄的大業。

總括孫氏二代三主，孫堅以地方的「輕俠」，而成為漢末名將，奠下了孫吳崛起的軍事基礎，以輔助漢皇室為目標。除此之外，孫堅對孫吳留下的最大遺產，是他結集了一批如程普、黃蓋等忠勇善戰的將領和精兵，並為江東子弟樹立了義勇、忠烈、善戰的典範。孫策繼父志，少年英偉，為孫吳在江東肇建基業者，也為江東子弟樹立敢於拚殺的「南方之強」的傳統。孫策在世，時人已視孫策為「少年英雄」。孫策重新審視東漢末的局面，以稱霸江南為目標。

孫權擅於舉賢任能

孫策殞命，孫權以 19 歲之齡，承接父兄打下的堅實基礎，而能建立起可與曹操、劉備鼎立的孫吳，也是少年英雄。曹操對青年的孫權，曾讚歎說：「生子當如孫仲謀，劉景升兒子若豚犬耳」。後世頌揚少年孫權的文學作品不少。南宋辛棄疾在《永遇樂·京口北固亭懷古》有「千古江山，英雄無覓，孫仲謀處」之句。在《南鄉子·登京口北固亭有懷》也有「天下英雄誰敵手？曹劉。生子當如孫仲謀」之句。他且能聚集一眾謀臣如張昭、張紘、周瑜、魯肅、顧雍、呂蒙、諸葛瑾及後來的陸遜，同心協力的扶持，為孫權保有江東，爭霸天下，貢獻很大。不怪乎孫策臨死前，能交託重任於只 19 歲的孫權，並說：「舉江東

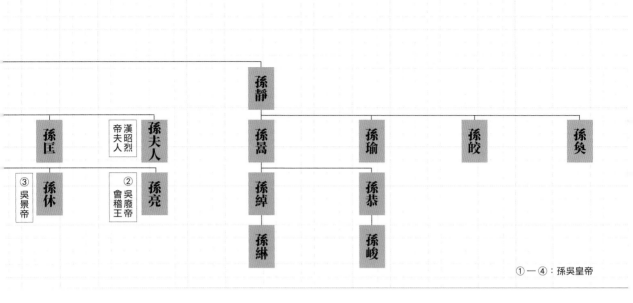

① — ④：孫吳皇帝

之眾，決機於兩陳（陣）之間，與天下爭衡，卿不如我；舉賢任能，各盡其心，以保江東，我不如卿。」歷史也證明，孫權以少年英雄，而成三國鼎立之局，作為領袖最大特質，誠如孫策所說，率軍出征確不是他所長，「舉賢任能，各盡其心」，是孫權作為領袖的最大本領；真是知弟莫若兄了。

| 孫策簡略年表 |

年份（公元）	年齡	事件
175 年	1 歲	出生於揚州吳郡富春縣（今浙江富陽縣西北）。
190 年	16 歲	與周瑜深交。
191 年	17 歲	父親孫堅戰死。
194 年	20 歲	投靠袁術。拜會名士張紘。袁術派遣孫策攻打廬江郡太守陸康，大勝。
195 年	21 歲	揚州刺史劉繇驅逐孫賁、吳景，策領兵攻打，進佔秣陵及曲阿，據丹陽郡。策令朱治攻吳郡，許貢大敗而附嚴白虎。
196 年	22 歲	策攻打會稽，太守王朗投降。
197 年	23 歲	袁術稱帝，遂斷絕關係。
198 年	24 歲	曹操上表奏孫策為討逆將軍、封吳侯。周瑜、魯肅投靠；祖郎、太史慈歸投。
199 年	25 歲	擊破廬江太守劉勳於廬江及黃祖於夏口。豫章太守華歆被虞翻遊說而投降。統一江東。
200 年	26 歲	孫策欲偷襲許都，卻在丹徒狩獵途中，被許貢的奴客射殺。

孫氏故里
龍門古鎮

孫堅與孫策，都出生於今浙江富陽的西北，後舉家移居舒城。今
日浙江龍門古鎮是孫權後代的聚居地，至今保存完整。

・龍門古鎮附近著名的富春江

・龍門古鎮

· 孫氏宗祠

龍門鎮的孫氏宗祠，名為「餘慶堂」，初建於南宋。建築宏大，造型優美，
兩側山牆變化豐富，錯落有致，是孫氏家族祭祖和議事的主要場所。

· 孫鍾像

孫氏宗祠的原址為孫處士祠，是供奉孫權祖父孫鍾的香火堂，
後堂供奉龍門孫氏歷代先祖的牌位。

· 餘慶堂

大廳正中懸掛着吳大帝孫權的畫像，其上有孫權親撰的《天子自序》。

· 龍門古鎮古戲台

孫堅、孫策和孫權起用人才表

君主	年份（公元）	文臣	武將
孫堅	184 年		☆程普、☆黃蓋、☆韓當、朱治
	190 年		周瑜
	192 年	張紘	
	193 年		呂範
孫策	194 年	張昭	凌操、宋謙、呂蒙
	195 年		☆周泰、☆蔣欽
	196 年	秦松、陳端、顧雍、虞翻	☆董襲、賀齊、吾粲、☆陳武
	197 年		祖朗
	198 年		太史慈
	196 年	胡綜	☆潘璋
	200 年	嚴畯、是儀、諸葛瑾、吳範	步騭、魯肅、呂岱、☆徐盛、☆丁奉、朱然、朱桓、陸績
	203 年		☆甘寧、陸遜、☆凌統
	210 年	程秉、薛綜	士燮
	212 年		駱統
孫權	219 年	潘濬（劉備舊部）、闞澤	
	221 年	滕胤、張休、顧譚	諸葛恪、陳表
	222 年		陸凱、朱據
	232 年	陸瑁	
	245 年		陸抗
	249 年		施績
	？	張溫、劉惇、趙達、張儼	周魴、鍾離牧、濮陽興

吳郡陸氏：陸績、陸遜、陸凱、陸瑁、陸抗　　吳郡朱氏：朱桓、朱據

吳郡顧氏：顧雍、顧譚　　丹陽朱氏：朱治、朱然、施績

吳郡張氏：張溫、張儼　　會稽賀氏：賀齊

☆：江東十二虎臣　　會稽虞氏：虞翻

．鎮江魯肅墓

· 呂蒙畫像

· 魯肅畫像

· 鎮江太史慈墓

孫策與周瑜義同斷金

周瑜（字公瑾）是廬江舒城人。出身世家，祖父景及伯父忠都曾任漢太尉，父異為洛陽令，周瑜長得高大俊美。東漢初平年間，孫堅參與討董卓義軍，出兵前，徙家於舒城。孫策是孫堅長子，與周瑜友好。周瑜讓出道南大宅，給孫策一家居住。孫策與周瑜同年，長瑜一月；周瑜與孫策有「升堂拜母」的結拜之交。

孫策起兵渡江攻打歷陽時，給周瑜寫信，周瑜率領將士迎接孫策。孫策得周瑜之助，接連攻下橫江、當利，並渡江破秣陵，進入曲阿，逐走劉繇。到此孫策兵馬已有數萬。孫策攻蘇州和山越，而周瑜一度返回居巢。建安三年周瑜還蘇州，策授周瑜為建威中郎將，稱讚他為「英俊奇才」，是年他們24歲。其後，先後任中護軍、江夏太守，從孫策征皖時分娶橋公兩位國色天香的女兒，再共同平定尋陽、豫章和廬陵等地，周瑜留鎮巴仁。建安五年，孫策橫死，孫權統事，內部人心不穩。周瑜趕到蘇州，首先向權行君臣之禮，與張昭共同輔助孫權，穩定了局面。

· 周瑜故里舒城的
周瑜墓牌樓

· 廬江周瑜墓

今全中國有周瑜墓七處，經專家論證，認為廬江周瑜墓是首丘之地。

· 廬江周瑜廟塑像

· 周瑜城遺址

· 航拍周瑜城

周瑜城在今安徽舒城縣干汉河區境，座落在一個東西走向的小崗丘上。南瀕杭埠河，沿土城牆繞
城一周約三里許，有四個對稱的城門豁口，城中有一高台地。

相濡以沫
周瑜魯肅

周瑜與魯肅是孫吳的輔弼重臣，對建立及鞏固孫吳政權有重要的貢獻。兩人識於微時，少年薄有名氣的周瑜任居巢長時，因缺糧食而拜訪魯肅求助。

魯肅生於當地豪強大族，弱冠之年學習武藝，性格豪爽大方，遂將兩囷其中的一囷（三千斛）糧食慷慨贈給周瑜。經此一事，周瑜認為魯肅是與眾不同的人物，二人結為好友，建立如同春秋時公孫橋和季札那種牢不可破的朋友關係。公元 198 年，周瑜東渡長江投奔孫策，魯肅與他同行。周瑜向孫策推薦魯肅，孫策亦十分賞識他。由是，周瑜與魯肅二人攜手同心共事於東吳政權。

· 出土青釉囷

· 上世紀五六十年代的糧倉
經二千年的歲月，內蒙古地區儲糧倉形狀與出土的吳國糧倉何其相似。（孔群提供）

· 四方有閣樓的陶塑豪宅
此出土宅院最特別、最令人感興趣之處，是宅外四邊有儲糧的囷（糧倉）。

三國美人
大小二橋

一般人稱為「大喬」和「小喬」，歷史上記載是大橋和小橋。對大橋和小橋，史載的史料並不多。大、小橋是盧江皖縣（今安徽潛山）橋公的兩位女兒。

　　大、小橋被稱為「江東二橋」，是絕代美人，分別嫁了「江東二郎」孫策和周瑜，真的是「郎才女貌」，更是現代流行的所謂「美女帥哥」。喜歡說笑的孫策跟周瑜說：「橋公二女雖流離，得吾二人作婿，亦足為歡。」孫策和周瑜雖然早逝，但大、小二橋，都為孫周生育了兒女。在《三國演義》中的大、小二喬，在文學藝術上為英雄的三國添上幾分浪漫的色彩。

　　至於後世以大、小二橋為題材的文學和藝術創作，代有新猷，創作不缺。蘇軾的《念奴嬌‧大江東去》一闋詞與《前赤壁賦》及《後赤壁賦》，反客為主，令大、小二橋傳頌千年。

・小橋墓
湖南岳陽樓附近。

・小橋在胭脂井旁的雕像

第六章

髀裏肉生

三顧草廬

3 另一位造就了三國歷史的主要人物，當然是劉備。劉備（161—223年），字玄德，涿郡涿縣人（今河北涿縣），是西漢景帝子中山靖王劉勝的後代。因支系疏遠，家世沒落，祖父劉雄做過東郡范縣（今河南范縣東南）的縣令；父親劉弘只做過郡縣小吏，而且去世甚早。少年時代的劉備，是靠與母親織草席、草鞋販賣為生，可見已淪為平民的地步，祖蔭留下尚可誇飾一下的，只有仍讓一些人起敬的血脈。

劉備「不甚樂讀書」、「喜狗馬、音樂、美衣服」（《三國志·蜀書二·先主傳》），生得相貌堂堂，身材魁梧，少言語而能喜怒不形於色。當地青少年喜歡跟他結交，成為群少的首領，有「輕俠」的味道。

| 劉備家世系表 |

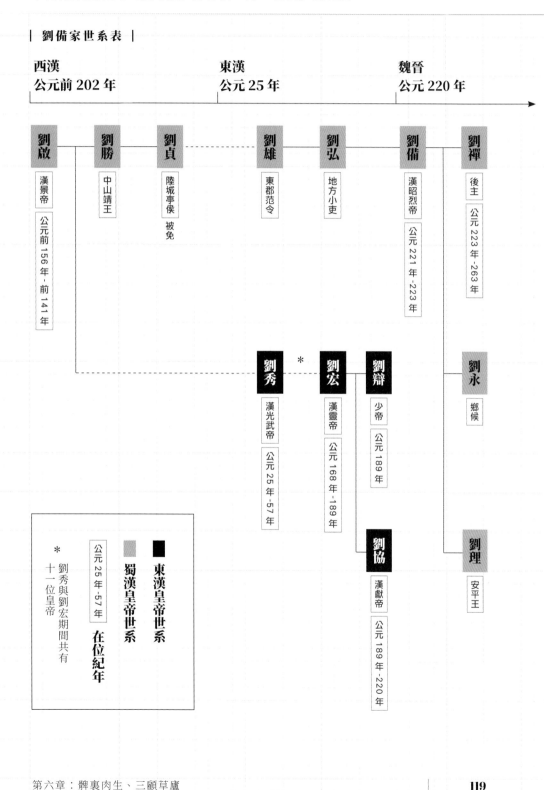

劉備約 15 歲時，得到同族叔祖的贊助，跟隨同郡著名學者盧植習儒學，並與公孫瓚為同學。公孫瓚年較長，備視之為兄。在徐州任徐州牧期間，也曾親炙漢末大儒鄭康成、陳寔父子和孔融等人，與陳登一輩名士也有交往。相信盧植、鄭康成和陳寔三人對劉備的思想行為，有過相當的影響。無論從學於盧植，還是與鄭康成和陳寔等人的過從，時間都不長。這三人對劉備的影響，相信不在做學問，而在志毅和品格的薰陶。尤其作為老師的盧植，是一位剛毅、有大節、常懷濟世之志、不好辭賦的大學者，相信劉備受過他的不少感染。

靈帝末年，劉備在中山（今河北定州市）得商人張世平和蘇雙的贊助，組織起武裝力量。再結交了因「亡命奔涿州」的河東解縣（今山西運城）人關羽，並得同郡張飛的翼助。劉備最初集結起來的武裝力量，情況與同學公孫瓚的情況相近。同出「單門」，乃「寒士」，無門第資望可憑，又屬「輕俠」式的人物，交結的都是俠武中人和一些商人。因參伐討黃巾有功，被任命為安喜縣尉（今河北定州市），掌一縣武裝，後不值督郵的所為，杖之二百而亡命。不久，隨何進時的都尉毌丘毅到丹陽招兵，至下邳遇上黃巾，力戰有功，得任下密丞。後仕任高唐（今山東高唐縣）縣令。關東組盟軍討董卓，劉備也起兵參與。後為黃巾餘部所敗而投靠了時任幽州中郎將的公孫瓚。公孫瓚任劉備為別部司馬，曾協助青州刺史田楷守青州，對抗袁紹，數有戰功。不久，劉備任平原（今山東平原縣）相。所以劉備年輕時，一直擔任縣級官吏。

曹操舉劉備為左將軍

初平四年（193 年），曹操東征徐州，打敗陶謙。青州牧田楷會同劉備往救陶謙，曹操適遇張邈和陳宮叛變而從徐州撤退。194 年春，陶謙舉劉備為豫州刺史，劉備領兵屯小沛。同年冬，陶謙病死，遵陶謙遺言，又得下邳人陳登、北海相孔融等的勸說，別駕麋竺率將吏簇擁劉備為徐州牧。任職豫州刺史和徐州牧，此時的劉備，雖然資望和實力仍不足，到底具有州郡地方大吏的身份，與孫策約略同時，漸成氣候。

徐州是四戰之地，無險可守，各方勢力無不對之虎視眈眈。建安元年（196年）佔據淮南的袁術，多次攻伐劉備不逞，後來勾結了呂布，合力打敗了劉備。劉備沒法，只好依附曹操。曹操舉劉備為豫州牧，領兵駐小沛，攻擊取代劉備自領徐州牧的呂布，但失敗。曹操便親自率兵東征，在白門樓絞殺了呂布。劉備隨曹操回許都，曹操上表朝廷，舉劉備為左將軍，拜關羽為中郎將。

　　在許都，曹操表面優渥劉備，實際上對他處處防範。劉備雖然勢弱，也寄人籬下，卻是一個不甘後人、有自己的主張和明確目標的人。199年在許昌，以獻帝丈人車騎將軍董承為主謀，醞釀推翻曹操的政變。劉備似曾參與此次密謀。為避免曹操的懷疑，在許昌的劉備，韜晦隱身，在居處種菜度日，閉門謝客。

借攔截袁術
公開反曹

　　其間，袁術罔顧內外的反對，剛愎自用竟然稱帝，因而惹來四面樹敵，又連戰皆敗，終至窮途末路，只好無奈帶病北上投靠向來關係並不好的堂兄袁紹。曹操知悉了袁術的去向，要派兵攔截。劉備向曹操自行請纓，要參與此次的軍事行動。曹操一時失覺，答應了劉備，劉備無異逃出生天。劉備率兵趕到下邳，袁術已病死於壽春的附近。劉備突襲曹操委任的徐州刺史車冑，屯軍於小沛，公開反曹。200年春，董承反曹的密謀事泄，此時的曹操，相信亦已探明劉備曾參與董承的密謀。自此，曹、劉兩人之間，勢成水火。

　　曹操為了消除與袁紹終要一決生死的後顧之憂，親自率軍先行東征徐州。劉備雖謂掌管了徐州，但基礎不固，內部不穩。加上遭遇曹操突擊，猝不及防，為曹操大敗，關羽亦兵敗投降於曹操。劉備敗走，北上依附袁紹。到200年，曹操與袁紹相持於官渡，袁紹派劉備率軍以圖襲擊曹操的後方，卻為曹操所敗。官渡之戰後翌年的201年，劉備為曹操軍事所逼，只好南下荊州，投靠劉表。劉表分他一部分的軍隊，屯駐荊州以北的新野（今河南新野縣），讓劉備為他把守與曹操對峙的北方大門。

・新野城漢議事台

議事台是劉備在新野招集文武官員討論政軍的遺址。

・新野農田景像

新野位於南陽和襄陽之間，通道東西兩側雖然有大山，然兩山之間，卻是平坦的盆地。故此，這條通道也成為了連結南北的兵家必爭之地。

· 新野古城樓

新野位處平原，僅有城牆可守。東漢末，劉表安排劉備駐紮新野，守衞抗曹的前線。

為曹操所敗
寄劉表籬下

　　劉備在荊州寄寓劉表籬下，由於劉表在漢末群雄競爭的過程中，只圖坐觀成敗，雖有不少發奮為雄的機會，都一一錯過。寄寓於他的劉備，亦曾建議劉表積極行動。但是，劉表總不敢冒險犯難。劉備在荊州七年，日子不算短，無所作為，而有「髀裏肉生」之歎。（《三國志·蜀書二·先主傳》裴松之註引《九州春秋》）

　　為改變自己勢力弱孤、寄人籬下的困狀，劉備在新野尋找機會，積極部署自身的力量。其間他進行的工作，主要有三個方面：一、擴充自己的武裝力量；二、交結地方勢力，收買人心；三、積極物色有才幹和識見之士，輔助自己。經一番努力，劉備在這三方面，都取得一定的成果。劉備這種尋求壯大自身勢力的意圖和行動，當然引起荊州本土集團的猜忌和不滿，終至發生衝突。劉表本就對來附的劉備，有所顧忌，看重劉備，卻不敢也不願重用。

　　劉備在荊州，積極吸納才智之士，是他從事政治和軍事生涯 20 年以來的最大突破。劉備雖然後來號稱「皇叔」，世代譜系，卻要上溯到西漢，疏遠之極，且無從稽考。與劉表與東漢宗室世系的接近，不可同日而語。24 歲時起事，劉備雖然結集起自己的武裝力量，其實很單薄。20 年間，先後依附公孫瓚、陶謙、呂布、曹操和袁紹等人，是力量不足的結果；他參與過大大小小的各種戰鬥，但積聚起來的武裝力量依舊薄弱。依靠的只是關羽、張飛和趙雲這幾位親如兄弟的「萬人敵」對他不離不棄的忠勇虎將，才掙得一定的名堂。

· 張飛廟

張飛字孟德，涿郡人，與關羽最早追隨劉備，年紀小於劉備和關羽，飛於兩人「兄事之」（《三國志·蜀書六·張飛傳》）。飛雄壯威猛，與關羽同被視為「萬人敵」。飛死，追諡桓侯，所以圖中大匾書「張桓侯廟」。另名「三義廟」，顯然是取《三國演義》的劉關張「桃園結義」的命意。（劉煒提供）

❀ 躍馬檀溪 ❀

「躍馬檀溪」是三國的一個著名典故,是來自《三國演義》第34回。劉表向劉備表示意欲廢長立幼,備勸止且建議削除蔡氏權力,蔡氏在屏風後竊聽,於是內心忌恨劉備,命弟蔡瑁設宴期間藉機殺害劉備。劉備聞訊避席出逃,急乘的盧到城西檀溪,因湍急溪水的阻隔而不能渡過彼岸,此時追兵來到,劉備情急之下縱馬入溪,人馬俱陷入水中。劉備加鞭大呼「的盧!的盧!今日妨吾!」馬忽從水中騰身而起,一躍三丈,飛上西岸,劉備往西南揚長而去。《三國演義》寫來有聲有色,驚險萬狀。演義所寫是有所本的,乃根據《世說新語》的一則記載。對這椿故事,晉史學家孫盛和註引《三國志》的裴松之,都懷疑其真實性。理由是「備時羈旅,客主勢殊,若有此變,豈敢晏然終表之世而無釁故乎?此皆世俗妄說,非事實也。」檀溪卻是有的,在今襄陽市的西面,徐庶和崔州平都曾居於此附近。

躍馬檀溪　董培新　繪畫

劉備一直沒有什麼出色的謀士以資相輔，有的只算是一些從事行政的屬員。嚴格地説，劉備過去率領的武裝力量，有如一支僱傭兵。艱苦死拚了 20 年，仍然只是東附西攀的，沒有自己的固定地盤和可靠的實力。直到寓居荊州，劉備似乎才明白自己的不足，認識到謀士的重要性，便改弦更張，積極去物色才智之士相輔助。劉備在荊州，恭敬地請教人稱「水鏡先生」的司馬徽（字德操）。首先得到徐庶的相助，再「三顧草廬」而邀得「臥龍」諸葛亮出山。其時諸葛亮尚年青，才 27 歲，「躬耕於南陽」《三國志‧蜀書五‧諸葛亮傳》，又無實際的軍政經歷；當時的劉備，已年屆 47 歲，歷盡軍旅滄桑 20 年。在隆中草廬與諸葛亮的一席話，徹底改變了劉備的命運。諸葛亮為寄人籬下的劉備，制定了被後世稱之為「隆中對」的遠大戰略。

‧水鏡亭

湖北南漳縣水鏡莊，相傳是司馬徽寓居荊州時隱居處，在襄陽城東沔水的魚梁洲南部，與住在西岸白沙曲的龐統家極接近。劉備曾就訪司馬徽，請教他對世局的意見。司馬徽對劉備説「儒生俗士，豈識時務？識時務者在乎俊傑。」（《三國志‧蜀書五‧諸葛亮傳》裴松之註引《襄陽記》）同時向劉備推薦「臥龍」諸葛亮和「鳳雛」龐統。

· 水鏡山莊

· 司馬徽塑像

司馬徽，字德操（穎川人），人稱水鏡先生。東漢末亂寓居荊州襄陽。司馬徽跟年長 10 歲的龐德公為兄弟交，都是隱世賢人、講求經世致用的高士，是東漢末崛興的「荊州學派」代表人物。

諸葛亮具家世及號召力

　　三顧草廬與隆中對，不僅扭轉了劉備的命運，也改變了漢末以來爭霸的局面，無怪乎三顧草廬和隆中對成為了千古美談。如非劉備改弦更張，邀納一眾謀士，他日後的命運，必然如同呂布、公孫瓚或後來的馬超等人，即使一時勇銳不可擋，終會敗滅。諸葛亮在《出師表》說「臣本布衣，躬耕於南陽，苟存性命於亂世，不求聞達於諸侯」。我們容易有兩個疑問，在東漢重視門第和名士的社會，一個布衣隱士，何能一出茅廬，即能讓人刮目相看？二，躬耕於隆中郊野，即使是天才英縱，資訊人脈不通，何能「知天下事」？

　　其實出道前的諸葛亮的身份，有三個方面要注意的：一、他的家世不算布衣，屬寒門士族，有相當的家族傳承。二、他在荊州，有着相當的人脈關係，個人求一仕進，並非難事。三、在他出山前，諸葛亮已是荊州一地眾年青俊彥的領袖人物。荊州俊彥來自五湖四海，人物地緣廣泛，資訊流通充分，所以能知天下事。諸葛亮具備的這些個人條件，加入了劉備陣營，對劉備的重要，正如荀彧之於曹操，周瑜之於孫策，除了個人的聰明才智和學養外，他們的號召力，改變了曹操、孫策和劉備的政治結構和人才格局。諸葛亮之加入劉備陣營這些方面的重要性，是被世人忽略的。

年份（公元）	年齡	事件
161 年—175 年	1—15 歲	出生於幽州涿郡涿縣（今河北省涿縣），為中山靖王劉勝後代，少年時期與寡母靠織草席賣草鞋為生。
175 年—180 年	15—20 歲	聽從母命求學於大儒盧植，與公孫瓚為同學。
180 年—184 年	20—24 歲	受富商資助招賢納士。適逢黃巾之亂，組織義軍時結識關羽、張飛。
184 年—189 年	24—29 歲	參軍討伐黃巾軍，因立下戰功獲任安喜尉。
189 年—193 年	29—33 歲	投奔公孫瓚，被推薦為平原相。助公孫瓚對抗袁紹，結識趙雲。
193 年	33 歲	助徐州牧陶謙抵抗曹操，獲推薦為豫州刺史。
194 年	34 歲	陶謙病死，死前以徐州相讓，劉備遂領徐州牧。
194 年—198 年	34—38 歲	收留被曹操打敗的呂布，呂布趁袁術與劉備混戰期間奪權。此後與呂布時和時戰，遂投靠曹操消滅呂布。
198 年—201 年	38—41 歲	藉口截擊袁術脫離曹操控制，重佔徐州。但被曹操打敗，遂投奔袁紹，在汝南騷擾曹操後方。再敗，投奔劉表。
201 年—207 年	41—47 歲	被劉表指派屯兵新野，於博望打敗夏侯惇，被劉表猜疑。
207 年	47 歲	劉備三顧草廬，請得諸葛亮出仕，獲獻《隆中對》。
208 年	48 歲	曹操南下，劉琮投降。劉備逃至江夏。派諸葛亮與孫權結盟，孫劉聯軍於赤壁一戰打敗曹操。
208 年—211 年	48—51 歲	趁孫曹對峙攻下荆南四郡，收服黃忠。孫權嫁妹及借南郡、江陵予劉備。
211 年	51 歲	益州牧劉璋請劉備入蜀對付張魯，劉備率軍與龐統、黃忠、魏延等入蜀，又與劉璋手下法正、張松暗通。

中山靖王之後 劉備

劉勝是西漢景帝之子，漢武帝的異母兄弟。受封中山，謚號為靖，到東漢末年與皇室血緣早已疏遠。劉備常言自己是中山靖王之後，到許昌後，漢獻帝為獲得外援，命人查對族譜，得悉劉備高獻帝一輩，故而以皇叔相稱。中山靖王劉勝之墓，在河北保定滿城，屬當今保存最完整、規模最大，以山為陵的墓葬。

自公元 1968 年發掘以來，這座墓的豪華奢侈，震驚當世。墓中共出土金器、銀器、銅器、鐵器、玉器、石器、陶器、漆器及絲織品等遺物一萬餘件，其中包括金縷玉衣、長信宮燈、錯金銅博山爐、鎏金銀蟠龍紋銅壺及銅朱雀銜環杯等堪稱國寶的器物，向我們展現了漢世雄風的萬千氣象。

兩漢國力的強盛，厚葬成為當時的社會風氣。其中最為奢華的陪葬品為玉匣（玉衣）。古人認為用玉裹身，可以萬年不腐。用金絲和玉片串接成的玉衣，成為當時最高級別的喪葬殮服。西漢時期除了帝后之外，金縷玉衣也大量使用於各藩王。東漢之後，金縷衣則只限於薨後之皇帝與皇后，諸侯則使用銀線綴編，其他貴族用銅線或絲線綴編稱為銅縷玉衣、絲縷玉衣。雖然兩漢先後有文帝、光武帝、王充及盧植等有識之士抨擊厚葬提倡薄葬，但真正結束兩漢厚葬的，是漢末社會凋零、百廢待興背景下曹操父子的強制薄葬的命令。

在官渡之戰前，陳琳所作的《為袁紹檄豫州》檄文中稱，曹操為了彌補軍餉的不足，設立發丘中郎將及摸金校尉等軍銜，專司盜墓取財，補貼軍資。曹操是聰明人，或許在挖墓中，勘破了「他朝君體也相同」的道理。

· 劉勝金縷玉衣

公元前 113 年，靖王薨，葬於今河北滿城陵山。中山王歷經 10 位，共 140 年，乃王莽稱帝，改諸
侯王皆公，終結中山國。1968 年，考古工作者發掘清理了劉勝及其妻竇綰墓，兩墓共出了金縷玉
等堪稱國寶的器物，具有重要參考價值。（劉煒提供）

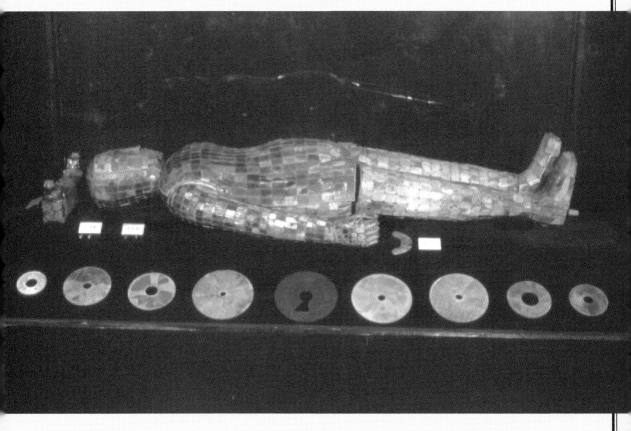

生此萬乘師的古隆中

專題

諸葛亮在《出師表》曾自述:「臣本布衣,躬耕於南陽。」失去父親和叔父依靠的年青諸葛亮,一面在荊襄刻苦求學,一面在這片依山傍水的山林耕讀。

　　隆中因劉備三顧草廬而名揚後世,是後人瞻仰諸葛孔明的「聖地」。歷代名士文人到遊而留下詠誦的,不知凡幾。其中蘇軾的《隆中》寫人、寫景、寫史,兼而有之,乃大手筆之作。

> 誰言襄陽野,生此萬乘師。
> 山中有遺貌,矯矯龍之姿。
> 龍蟠山水秀。龍去淵潭移,
> 空餘蜿蜒跡,使我寒涕垂。

　　古隆中距襄陽城西 10 公里,東漢時屬南陽郡轄地,所以諸葛亮自謂「躬耕於南陽」。此地層巒疊嶂,流水淙淙,樹木茂盛。雖說經過近 1800 年的歲月,或出於後世人對諸葛亮的傳奇和敬仰,諸葛亮隱居躬耕的舊址,面貌猶在。古隆中諸葛亮舊址,面積相當大,有歷代的紀念建築物外,尚有諸葛亮留下的遺跡。如他用過的六角井;耕種過的躬耕田;引泉江而開鑿的老龍洞和抱膝石;劉備三顧草廬走過的小徑和小虹橋;另有半月溪、梁父岩和草廬舊址等。遊覽其中,加上樹影竹聲,讀歷代名題,足讓人興發思古之幽情。

·古隆中的石牌坊

左右對聯「三顧頻煩天下計，兩朝開濟老臣心」，是唐朝杜甫總結諸葛亮一生而傳頌千古的兩句詩。左右橫額的「澹泊明志，寧靜致遠」，是諸葛亮的名句，後世多奉為人生座右銘。

· 草廬小徑

往諸葛亮所住草廬的小徑，不難想像劉備三顧草廬時走過的情景。

• 草廬石碑

「草廬遺址」立石處，本是
草廬故址，年代久遠，遺址
仍在，環境依稀，讓人憑弔
追憶，甚為難得！

• 三顧堂

三顧堂位於武侯祠南側、諸葛草廬前，乃明代根據宋代基礎所改
建而成。目前所見的三顧堂保持了清光緒年的式樣，前廳三間，
後堂五間，是硬山起脊建築。正門前的對聯「兩表酬三顧，一對
足千秋」，「兩表」指的就是諸葛亮的前、後出師表，「一對」
則是指著名的《隆中對》。

·古隆中的六角井

六角井在諸葛亮宅院內，是唯一留下的諸葛亮時生活用水井。據晉王韶《南雍州記》記載：「隆中諸葛亮故宅，有舊井一，今涸無水。盛弘之記云，井深五丈，廣五尺……齊建武中，有人修井，得一石枕，高一尺二寸，長九寸。」隆中諸葛故居遭受破壞後，六角井成為判斷諸葛草廬位置的依據。六角井有雕花古樸的六角石欄板，井底為六棱錐形，深約五米，直徑一點三八米。

· 諸葛亮的躬耕田

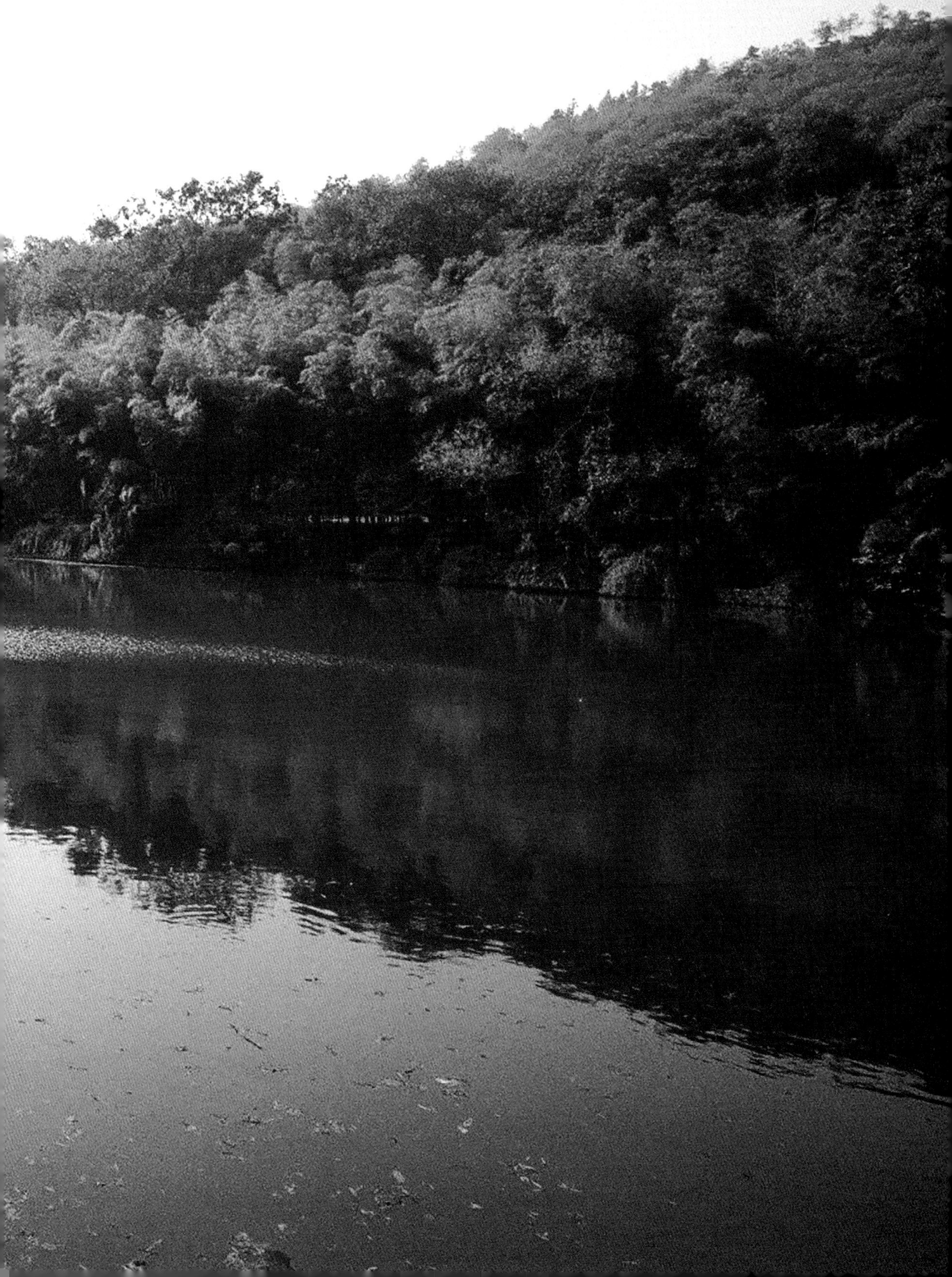

· 三顧草廬　　董培新　繪畫

第七章

羽扇綸巾

灰飛煙滅

3 「赤壁之戰」不僅在三國時期，即使在中國戰史上，也是一場很著名的戰役，過程引人入勝。在《三國演義》的渲染下，戰役中的人和事更被賦予了幾分浪漫的色彩。宋代蘇東坡創作的《前赤壁賦》和《赤壁懷古》，更是膾炙人口，令赤壁之戰在歷史上和文學上，同樣家喻戶曉。

208 年七月，曹操率領大軍，浩浩蕩蕩南下討伐荊州劉表。臥病的劉表，寢食難安，只好請劉備屯兵樊城（今湖北襄陽市北），在北方前線捍衛襄陽，抵禦曹操。曹操大軍南下不久，劉表就病死了，次子劉琮繼任為荊州牧。劉琮和擁護他當荊州牧的一幫人，如劉表的後妻蔡氏、弟蔡瑁等人，為保富貴，貪生怕死，決定向曹操請降。

劉備有過人信義

作了這個決定後，也不通知與襄陽一水之隔、駐守在樊城應敵的劉備。劉備聽到劉琮已降曹的消息時，曹軍已抵達宛城（今南陽）。劉備知道憑一己之兵力，無法抵擋曹軍，便與諸葛亮等率領軍隊，向江陵方向（今湖北荊州市荊州地區）後撤。劉軍後撤，經過了襄陽，追隨後撤的老百姓有十多萬人，輜重數千輛，扶老攜幼。雖然曹軍追兵在後，形勢危急，劉備仍不忍掉下跟隨自己南逃的百姓，所以撤退的行動很緩慢，並說「夫濟大事必以人為本，今人歸吾，吾何忍棄去」（《三國志‧蜀書二‧先主傳》）。

在曹操軍已抵達南陽，劉備才獲知劉琮已投降。他不殺來樊城通告的宋忠；南逃江陵，不忍襲取劉琮；不拋棄隨同的百姓，劉備這種甘於同敗的行動，如從利害去衡量，是失算和失策的。從另一角度，這種行為，正反映了劉備有其過人的信義。史家習鑿齒說他，「雖顛沛險難而信義愈明，勢偪事危而言不失道」，是真實的評價。「仁心義行」，耍嘴皮是容易和常有的，在生死關頭，才表現出是否能真實踐行「殺身成仁，捨生取義」。劉備是有「以人為本」的信念的。劉備如非有過人的信義，不會一生得到一批信義昭昭的能人的生死相隨。諸葛亮、關羽、張飛和趙雲等人，都是三國時期尊崇信義、品格方正的人物。連曹操的重臣郭嘉，也說劉備：「備有雄才而甚得眾心。」（裴松之註引《傅子日》《三國志‧魏書十四‧郭嘉傳》）。

在歷史上，人物評論最不容易。既不能求之完美，也不可過分的挑剔。劉備自己曾表白過他與曹操的區別，說：「操以急，吾以寬；操以暴，吾以仁；操以譎，吾以忠。每與操反。」（《資治通鑑‧卷 66》）從劉、曹一生的為人行事作比較，不難見其中的分曉。近世討論三國歷史的，為了一翻前人之說，對曹操，傾向文過飾非；對於劉備就傾向吹毛求疵。

一、經濟實力

領土

曹操擁有八個州地方以及荊州北部。

資源

曹操管轄的北方資源豐富,多個工業重鎮,手工業、冶煉業發達。曹軍的裝備造工優良,用料質素上乘,為軍事需要作出準備。

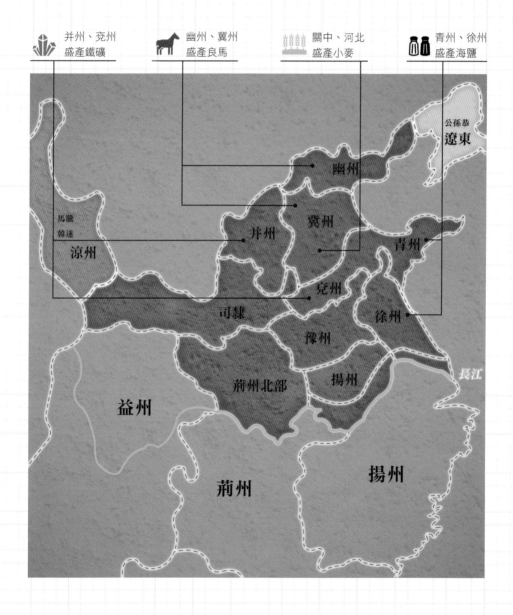

并州、兗州
盛產鐵礦

幽州、冀州
盛產良馬

關中、河北
盛產小麥

青州、徐州
盛產海鹽

公孫恭
遼東

幽州

馬騰
韓遂

涼州

并州

冀州

青州

兗州

司隸

徐州

豫州

荊州北部

揚州

長江

益州

荊州

揚州

二、軍事實力

陸軍

曹操號稱 80 萬大軍。周瑜推測曹操北方士兵約 15 至 16 萬人，劉表士兵投降者有 7 至 8 萬人。即共 24 萬。加上由徐晃漢水南下的部隊，全數達 30 萬。人數雖多，但戰鬥力大打折扣。久戰疲弊水土不服。

水軍

曹操的軍隊大多由北方人組成，北人不懂水性，也沒有水戰經驗。曹操接收荊州後，吸納了劉表的水軍、艦隊及擅長訓練水軍的將領蔡瑁、張允及文聘，水軍艦隊曾與孫堅、袁術、孫權作戰取勝，是一支勁旅。

 北方人善於騎馬打仗，但不熟水性。造船業也不發達。

 南方人善於游泳與駕船，多不善騎馬打仗。造船業極發達，戰艦性能優秀。

三、政治實力

內部

丞相府的建立實際上架空了漢室朝廷中樞的職能，曹操將政治中心由許都轉移至其治所鄴城。曹操大權獨攬，以丞相名義推出政令，並動員所有力量征伐。曹操迫荀彧自殺，殺孔融及崔琰等，震懾了朝廷中反對曹操的士族。

外部

不少遠方諸侯對曹操表示臣服。使曹操能無後顧之憂，不需雙線作戰，可以專注動員大軍南征。遼東公孫恭及涼州馬騰、韓遂亦歸順曹操。

劉備夏口
會合關羽

　　曹操得知劉備擬退守江陵，而江陵是戰略要地，而且儲備了大量糧草和兵器，曹操便率精騎 5000，日夜兼程，急行軍 200 里，在當陽長坂坡趕上了劉備軍民。劉軍猝不及防，為曹軍所敗，連劉備的甘、糜兩位夫人和兒子劉禪也給曹軍衝散。劉備只好與諸葛亮幾人帶着隨從，落荒而逃。趙雲在曹軍的包圍中，左衝右突，救出了劉禪，這就是著名的「百萬軍中藏阿斗」的故事。

　　由於被曹軍截斷前往江陵的通路，劉備只好率領殘軍向東面的夏口（今湖北漢口）退卻，剛好與前來救助的關羽的一萬水軍，和劉琦的一萬步兵和水軍會合。佔領了江陵的曹操，收編了劉琮的水軍，主力近 30 萬之眾，沿江順流南下，圖一舉而剿滅劉備。同時，也向孫權下了戰書，迫逼孫權投降。

· 赤壁之戰各種戰艦的模型
（赤壁紀念館藏）

鬥艦：中大型船艦
屬重裝攻擊性戰艦，進攻時戰艦前進，船上士兵發射箭矢等，與敵船正面交鋒則以矛、長槍及刀攻擊。

蒙衝：中型船艦
屬先鋒戰艦，速度快，機動性強。快速衝撞敵船的船腹，破壞船腹結構，使其沉沒。船艙開窗發射箭矢，又能用長矛攻擊敵兵。吳國將領黃蓋便是用蒙衝燃點薪草衝向曹營。

露橈：中小型船艦
屬輕型攻擊戰艦，槳比較多，擁有快速和靈活的特性。

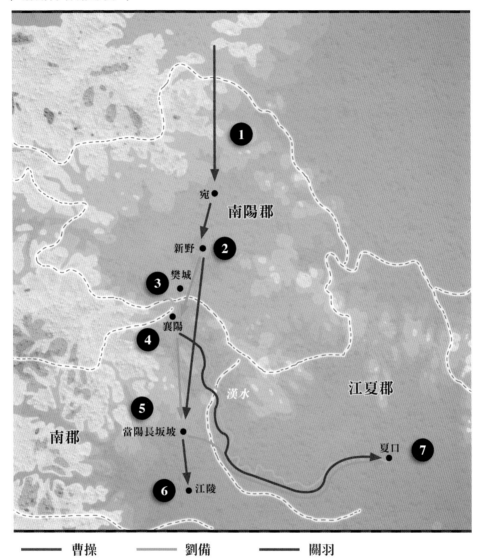

荊州降曹路線圖

──── 曹操　　　──── 劉備　　　──── 關羽

❶ 曹操得知劉表病逝，從許都率軍南下取荊州。

❷ 曹操抵達新野。

❸ 劉備逃出新野往江陵南逃，屯駐樊城；劉琮降曹於襄陽，沒通知一水之隔的劉備。

❹ 劉備於襄陽兵分兩路，關羽沿漢水逃至夏口。

❺ 劉備在當陽長坂坡被曹操親率 5000 精兵擊敗，險失妻兒，領百姓逃至夏口。

❻ 曹操放棄追擊，佔領江陵，收編劉琮水軍，領有大軍共 30 萬。

❼ 劉備於漢水會合關羽一萬水軍，再於夏口會合劉琦一萬步兵及水軍。

雀室

飛廬：船上的小樓

雀室：瞭望台供士兵站
在高處觀察四周動靜

船上的房屋

· 三國的樓船

樓船是指有多層甲板和艙房的船，屬中國古代的大型戰艦。它外觀巍峨威武，船上配備許多矛戈和士兵，旗幟飄揚，攻守皆可，就像一座堅固的水上堡壘。

・東吳鬥艦

此為重裝攻擊性戰艦。進攻時船上士兵發射箭矢，至與敵船正面交鋒，改用矛、長槍及刀攻擊。東吳以水軍立國，其中武昌可建造大型的樓船，史籍記載孫權專設典船都尉督造戰船。

望樓：士兵站崗放哨在陽台上，四周是垛口方便射擊。

重樓：三層廡殿式建築

主樓：一共有四層，兩層走廊連繫重樓，方便主帥及士兵進行軍事行動。

後殿和舵房

・周瑜指揮船

這是仿古樓船的東吳主帥周瑜指揮船。此船是以木結構為主的大型仿古建築，造型宏偉，體現漢代建築風格和造船業的發達。

孫劉
協同抗曹

　　曹操率領大軍南下，一舉而降服了荊州劉琦，擊潰了劉備，再率 30 萬之眾的大軍，水陸並進，意圖一箭雙鵰，殲滅劉備並迫降孫權。面對如此形勢，劉備和孫權兩方面，都面臨生死存亡的關頭。終於在魯肅和諸葛亮的奔走和遊説下，促成孫、劉雙方的合作，協同抗曹。決心抗曹的孫權，任命極力主張抗曹的周瑜為左督（主帥），而以輔助孫氏三代的老將程普擔任右督（副主帥），魯肅為贊軍校尉（近參謀長），集精兵三萬，溯江而上。與屯駐在夏口的劉軍

・周瑜石像

相合，以夏口為盟軍總部，對抗曹軍。

　　由徐晃等率領會合曹軍主力的支援部隊，順漢江而下欲出長江，首先被孫劉盟軍攻破，孫劉盟軍隨後西上迎敵。東下的曹軍在長江赤壁（今湖北省赤壁市西北）段，與孫、劉聯軍相遇。先頭部隊被孫、劉聯軍打敗。此時的曹軍，已發生了疫情。曹操率軍隊撤退到江北的烏林（今湖北洪湖市東北），與水陸兩路陸續抵達的曹軍會合。雙方在赤壁附近，隔江對峙。

・蒲圻赤壁望江亭

‧烏林寨

‧滄海桑田的烏林

曹軍紮營於烏林江堤和河漫灘上，人眾地窄，而且江上的船艦與河灘之間是蘆葦叢。如今長江中下游的河岸、湖濱都長着大片蘆葦，高達五米，冬季易火。

·萬人坑
在烏林曹軍戰死、燒死、踐踏致死的，
數以萬計。

周瑜奇計
大破曹軍

曹軍雖然人眾勢大，正如戰前諸葛亮和周瑜的分析，曹兵多屬北方人士，南下水土不服，易傳染疾病。加上新降的荊州人心未服，指揮不易。何況北方曹軍兵士，不熟水性，在船上受不了長江風急浪高的顛簸。曹操下令將戰船連接在一起，穩定船上的搖晃。孫、劉自知兵寡，不能正面對抗，而另出奇謀。曹軍連接戰船的安排，正好給了周瑜採用「黃蓋詐降」和「火燒連環船」的奇計的機會，乘着猛風，點燃滿載火油的走舸（船首半圓形的棚架），迅速衝向並焚燒了連環船和靠岸的營寨，曹軍大亂。

孫權方面，吳軍是水陸兩棲的精銳，一時戰將程普、黃蓋、韓當、呂範、周泰、呂蒙及甘寧等全面出擊，而劉軍方面關羽、張飛、趙雲等將領，乘勢也各自攻擊廝殺，曹軍被殺得人仰馬翻。在混亂中，曹操帶領殘兵敗將，從陸路經華容（今湖北監利縣）向江陵逃走。一路兵將爭先恐後，相互踐踏，曹軍死傷無數。周瑜和劉備聯軍，繼續水陸並進，一直追殺到南郡。曹操留下征南將軍曹仁、橫野將軍徐晃鎮守江陵，折衝將軍樂進駐守襄陽，然後自己罷兵北返。

繼官渡之戰後，這場被稱為赤壁之戰的戰役，又是一場以少勝多，以弱勝強的歷史性著名戰役，這場戰役的成敗，也改變了漢末爭霸的走勢。曹操揮軍南下，橫槊賦詩，意氣風發，以期一舉而一統天下的企圖被打破。這場戰役，也讓孫、劉兩家起死回生，並乘勢崛起，開始了三家鼎立的三國歷史的進程。

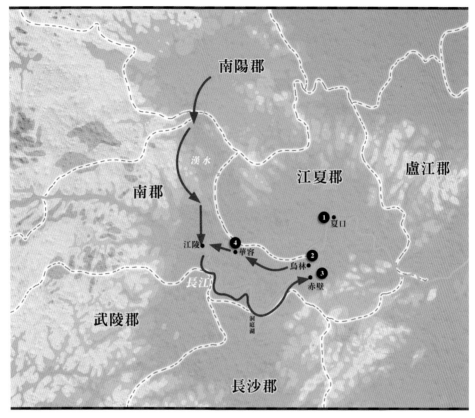

――――― 曹軍　　━━━━━━ 聯軍

❶ 周瑜集精兵三萬,溯江而上,與屯駐在夏口的劉軍相合,以夏口為盟軍總部。曹操軍順漢江下欲取陸口,首先被孫劉盟軍攻破。

❷ 東下的曹軍被聯軍先頭部隊打敗,撤退到江北的烏林,曹軍多人染病,兩軍在赤壁附近隔江對峙。

❸ 由於風勢大,曹操連接戰船以穩定船身,周瑜於是採取黃蓋詐降和火燒連環船的奇計。

❹ 曹操領殘兵敗將,從陸路經華容道逃回江陵,一路相互踐踏,死傷無數。

· 烏林的民間曹操祠

・**曹操塑像**

曹操雖被目為奸雄，在烏林大敗，但烏林民間卻為曹操立祠，可反映了地方民間崇拜歷史名人的心理。

・**湖北蒲圻的赤壁拜風台**

原是祭祀吳王孫權，後依據《三國演義》孔明設壇借東風的故事，在明代改為現今的拜風台。

趙雲激戰曹軍

趙雲於曹軍包圍下救出劉備兒子劉禪，「百萬軍中藏阿斗」故事膾炙人口。長坂坡是斜坡高地，原生長茂密的森林。屬當陽縣，地處江漢平原邊沿而與鄂西山陵地帶接壤，是中原通向大西南地區的咽喉要道。長坂公園的周圍 10 里，就是趙子龍與曹軍激戰的地方。

・百萬軍中藏阿斗　　董培新　繪畫

長坂坡現仍留下可追尋的三國古跡不少。在阪西南有一山崗稱子龍畈，據說就是子龍往來廝殺的地方。稍遠田園間有太子橋和娘娘井，傳說是糜夫人抱阿斗避難的地方。長坂坡隔河相對錦屏山，據傳是曹操紮寨安營，擂鼓督戰的地方。長坂坡東北約四公里，現今公路交匯處的當陽橋，就是張飛橫槍勒馬，喝退曹軍的地方。但原沮水改道，不復當年模樣了。

· 趙雲銅像

· 長坂坡遺址

· 沮河對岸的錦屏山

《三國演義》描寫活生生地被張飛喝斷的橋樑舊址，在今長坂坡當陽北門外的沮河北岸，現在已無舊貌痕跡了。

· 長阪雄風石碑

赤壁戰場
何處尋

專題

對於何處是真正的「赤壁」戰場，千年來爭論不休，至今尚無一致的結論。歸納起來有五種説法，而以江夏赤壁和蒲圻赤壁論據較充分。

| 赤壁之戰地點 |

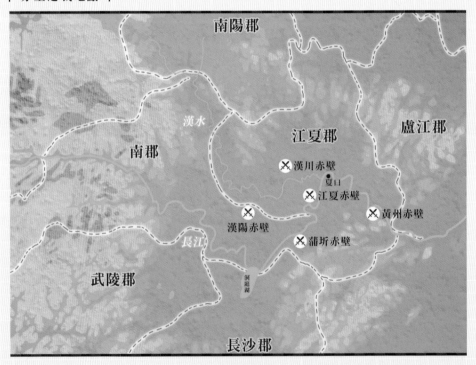

　　著名歷史地理學家譚其驤，在他主編的《中國歷史地圖集》中，認同北魏地理名著《水經注》的説法，將赤壁之戰的赤壁，放在距離夏口（今武漢漢口）不遠的「江夏赤壁」。另著名學者萬繩楠則以史書《英雄記》、《荊州記》和《水經注》的互證，説赤壁戰場是在巴丘到夏口之間，則今湖南岳陽市到湖北武漢之間，在蒲圻沿江 100 里的南岸的「蒲圻赤壁」。今實測赤壁在東，烏林在西，東西 160 里。蒲圻在三國時稱為沙羡赤壁，沙羡距夏口

西南 90 里。

　　另張靖龍主張，赤壁戰場很大，由西北至東南，由三座山構成，即赤壁山、南屏山與金鸞山。處於赤壁與烏林段的長江流向，是由西南向東北的，且周邊大環境是著名遼闊的雲夢澤。漢末赤壁之戰時，雲夢澤一帶主體在今洪湖及其周圍地區，而曹軍置身於東南面長江與西北面雲夢澤之間狹長地帶，是河漫灘、環沔皆湖，窪濕浩渺。三國史專家盧弼，也認為曹軍的前鋒在赤壁，烏林是後軍。

　　無論是蒲圻赤壁還是夏口赤壁，都在岳陽湖到夏口這一段長江，位於長江轉向東北流的一段，加上浩渺的雲夢澤和湖泊，雖然是十二月的冬天，仍有刮東風或南風的日子。對於熟悉江南地理氣候的諸葛亮和周瑜，這種天氣和風向，自然也在他們計算之中，是有其地理上的科學根據的。非如《三國演義》的描述，是靠穿道袍的諸葛亮，運用法術，呼風喚雨「借東風」的。《三國演義》的這段故事，讓魯迅批評是妖怪化了孔明，「至於寫人，亦頗有失……狀諸葛之多智而近妖」（魯迅《中國小說史略》）或者是羅貫中等無法理解十二月何以能吹東風之故。

　　劉備和諸葛亮等隨關羽率領水軍萬人，與駐夏口劉琦水步兵萬人，在夏口會師。劉備知周瑜率三萬水軍溯江而上，領 2000 軍隊到樊口迎接周瑜軍。在曹軍主力和由漢江南下的支軍尚未到達赤壁之前，周瑜、程普和黃蓋等都到了夏口，夏口乃成劉孫盟軍總部。曹操二、三十萬的主力軍由江陵而下，全在長江千艘戰船上。船隊是經過古稱雲夢澤的巴丘湖（今岳陽湖），然後向夏口北上。曹操在巴丘有《氣出唱 · 游君山》一詩可以為證（君山即今岳陽市洞庭君山）。

　　從漢口支援的曹軍，是由徐晃、滿寵和文聘率領的北兵，乘竹簰（大竹筏）從漢水南下。這支部隊進駐浦口，在曹大軍未到夏口之前，已遭周瑜用火燒毀，渡江失敗。曹主力軍到巴丘時也遇上疫疾，到達赤壁戰場與周瑜和劉備聯軍作戰，不利，更遭大疫，只好燒毀大量戰船撤退。所以曹操在《與孫權書》說「赤壁之役，值有疾病，孤燒船自退」，未有說假；但接下一句「橫使周瑜虛獲此名」，則有文過飾非之疑了。

　　日後阮瑀《為曹公作書與孫權》仍強調「昔赤壁之役，遭離疫氣，燒舡自還，以避惡地，非周瑜水軍所能抑挫也。江陵之守，物盡穀殫，無所復據，徙民還師，又非瑜之所能敗也」。一再辯解，反而反映了曹操對赤壁之戰敗於周瑜的耿耿於懷。（參考萬繩楠〈撲朔迷離話赤壁〉，四川大學歷史系編《冰繭彩絲集》、張靖龍著《赤壁之戰研究》）

文學藝術中的赤壁

幾千年的中國歷史，著名戰役不知凡幾，而能成為後世熱門文學藝術創作主題的，非赤壁之戰莫屬。千百年來，以赤壁故事為題的各種戲曲，多不勝數；而文學書畫的創作，歷代不絕，代有新聲。文學上，傳頌千古、膾炙人口的，當以唐代李白、杜牧與宋代蘇軾、辛棄疾的作品為最著名。

唐・李白〈赤壁歌送別〉

二龍爭戰決雌雄，赤壁樓船掃地空。

烈火張天照雲海，周瑜於此破曹公。

君去滄江望澄碧，鯨鯢唐突留餘跡。

一一書來報故人，我欲因之壯心魄。

唐・杜牧〈赤壁〉

折戟沉沙鐵未銷，自將磨洗認前朝。

東風不與周郎便，銅雀春深鎖二喬。

北宋・蘇軾〈念奴嬌〉

大江東去浪淘盡，千古風流人物。故壘西邊人道是，三國周郎赤壁。亂石穿空，驚濤拍岸，捲起千堆雪。江山如畫，一時多少豪傑。遙想公瑾當年，小喬初嫁了，雄姿英發，羽扇綸巾，談笑間，強虜灰飛煙滅。故國神遊，多情應笑我，早生華髮。人間如夢，一樽還酹江月。

其中尤以蘇軾的《前赤壁賦》和《後赤壁賦》最為著名，兩賦本身也成為中國歷代書畫的熱門主題。歷代書畫名家，大都寫有《前赤壁賦》和《後赤壁賦》的作品，至今創作不絕。這是中國文化藝術的奇葩，屢放異彩。倒不知蘇軾的兩賦，是以赤壁之戰得以廣傳，還是赤壁之戰以蘇軾兩賦，而得以廣傳了。

　　蘇軾於北宋元豐五年（1082年）兩度與友人遊覽赤壁，並有賦文以記其事。後人以七月之遊所賦為《前赤壁賦》，十月之遊所賦為《後赤壁賦》；而蘇軾所遊的赤壁，非赤壁之戰的真戰場，是蘇軾誤會了。但是蘇軾所遊的赤壁，今天稱為赤壁，也稱為「東坡赤壁」或「黃州赤壁」。自東坡遊此地，而有前後賦，此地也成為了名勝，至今遊人如鯽。

· 東坡赤壁

寄蜉蝣於天地，渺滄海之一粟。
哀吾生之須臾，羨長江之無窮。

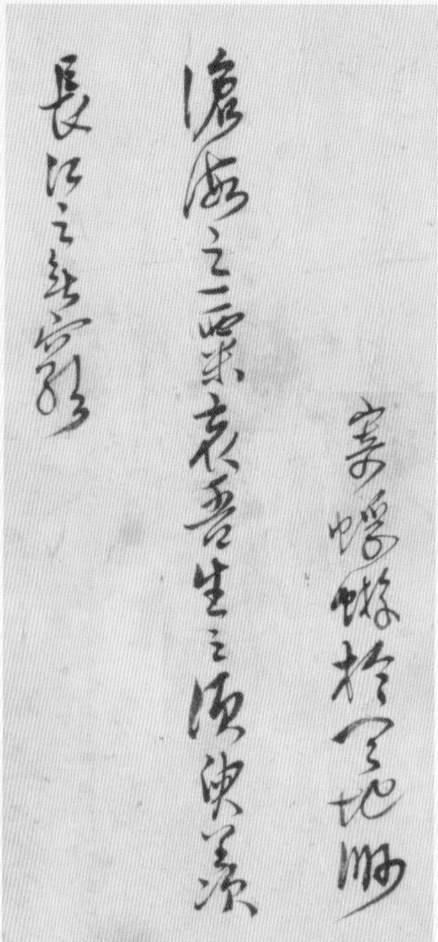

逝者如斯，而未嘗往也；
盈虛者如彼，而卒莫消長也。

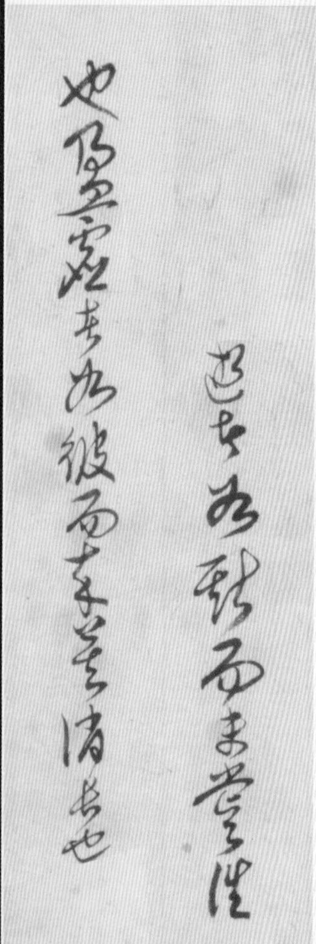

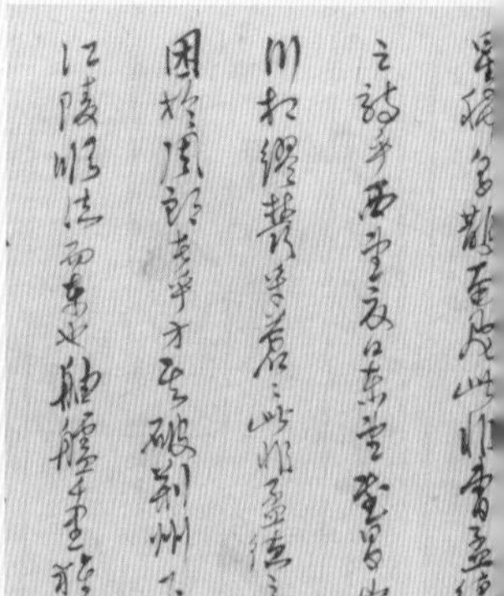

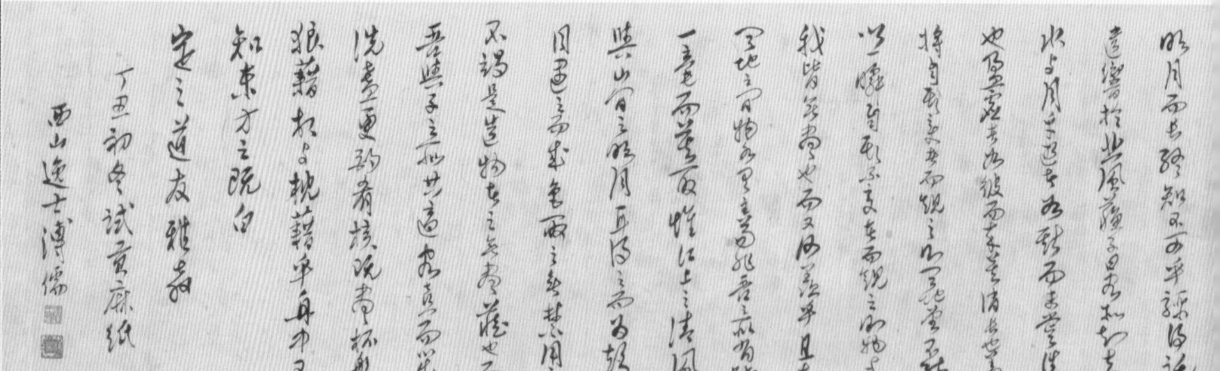

·溥儒《前赤壁賦》

溥儒（1896—1963 年），近代著名書畫家。此長卷書於丁丑年，時年 41 歲，正是體壯精旺之年。全賦寫來一氣呵成，是難得的作品。（陳萬雄藏）

· 後赤壁賦圖長卷 (局部)

此長卷是以《後赤壁賦》的內容為本的長卷。此處選登的是描繪「反而登舟，放乎中流，……開戶視之，不見其處。」為賦的最後一段，由仇英繪畫。仇英（？—1552 年）字實父，號十洲，明著名畫家，與文徵明、沈周、唐寅並稱「吳門四家」。書法上與祝允明及王寵稱為「吳門三家」。（黃景強藏）

危巢，俯馮夷之幽宮。蓋二客
不能從
焉。劃然長嘯，草木震動，山鳴谷應，風
起水湧。予亦悄然而悲，肅然而恐，凜
乎其不可留也。反而登舟，放乎中流，
聽其所止而休焉。時夜將半，四顧寂寥，
適有孤鶴，橫江東來，翅如車輪，玄
裳縞衣，戛然長鳴，掠余舟而西也。須
更客去，予亦就睡。夢一道士，羽衣翩
躚，過臨皋之下，揖予而言曰：赤壁之
遊樂乎？問其姓名，俛而不答。嗚呼噫
嘻！我知之矣。疇昔之夜，飛鳴而過我
者，非子也耶？道士顧笑，予亦驚寤。開
戶視之，不見其處。
嘉靖壬寅九月既望徵明書

· 畫末附文徵明的小楷《後赤壁賦》

文徵明（1470—1559），名壁，字徵明。文徵明書法藝術成就最高的是小楷，在北京故宮就藏有
文徵明不同時期寫的《前後赤壁賦》，風格有類此幀《後赤壁賦》。

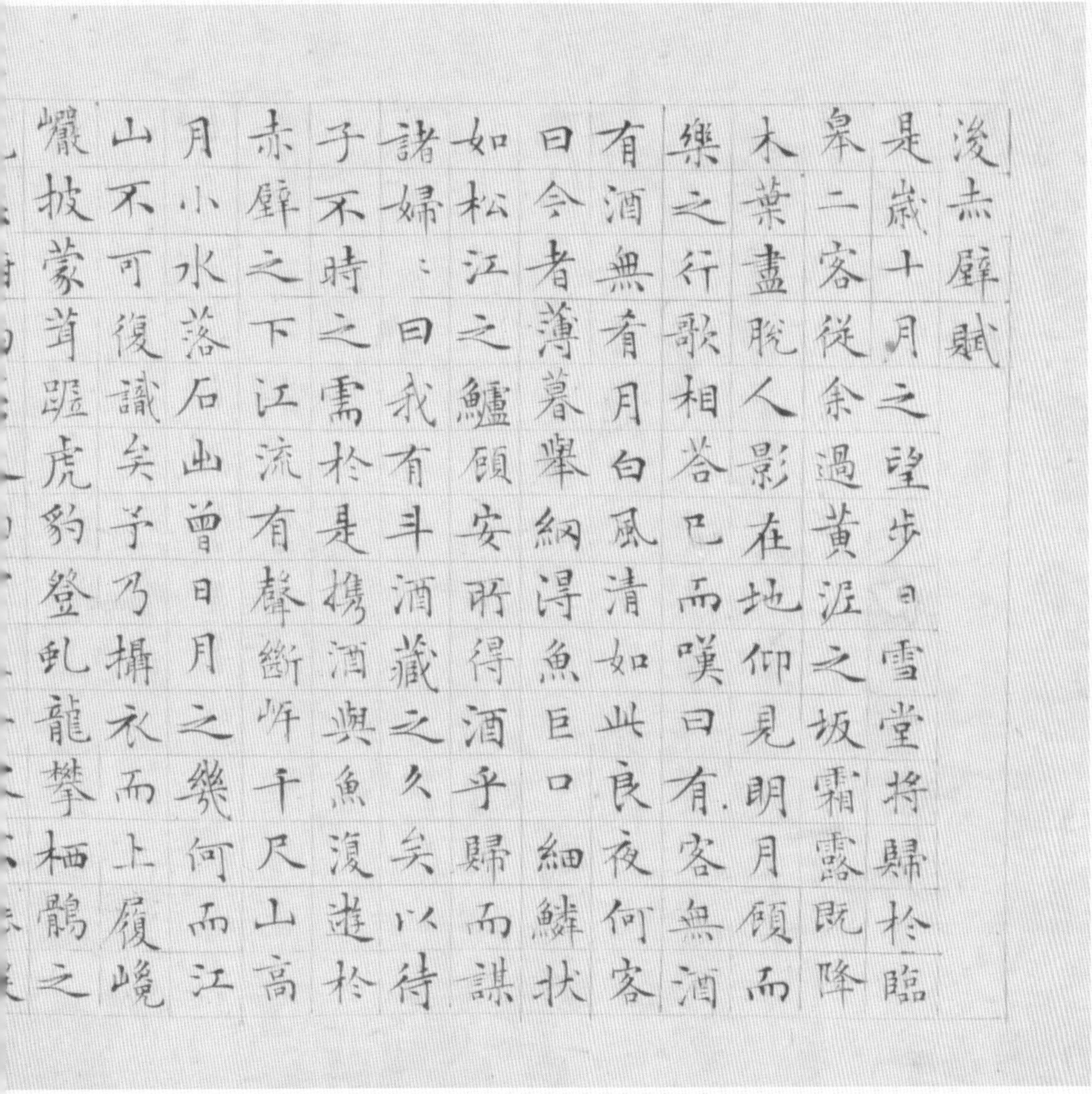

後赤壁賦

是歲十月之望，步自雪堂，將歸於臨
皋。二客從余，過黃泥之坂。霜露既降，
木葉盡脫，人影在地，仰見明月，顧而
樂之，行歌相答。已而嘆曰：有客無酒，
有酒無肴，月白風清，如此良夜何。客
曰：今者薄暮，舉網得魚，巨口細鱗，狀
如松江之鱸。顧安所得酒乎。歸而謀
諸婦。婦曰：我有斗酒，藏之久矣，以待
子不時之需。於是攜酒與魚，復遊於
赤壁之下。江流有聲，斷岸千尺。山高
月小，水落石出。曾日月之幾何，而江
山不可復識矣。予乃攝衣而上，履巉
巖，披蒙茸，踞虎豹，登虬龍，攀棲鶻之

有人以曹操著名的《短歌行》,是在長江「橫槊賦詩」的作品,但仍有爭議。反而《氣出唱‧游君山》一詩,是曹操由江陵率千艘軍艦,順流而下,在洞庭湖登君山時的作品。參與此次赤壁之戰的,除曹操、曹丕父子外,「建安七子」中除出征前已為曹操所殺害的孔融,其餘六子陳琳、阮瑀、徐幹、劉楨、應瑒和王粲全數從征。但有詩文直接說到赤壁之戰的,只徐幹《序征賦》「沿江浦以左轉,涉雲夢之無陂。……攬循環其萬艘,互千里之長湄,行兼時而易節,迄玄氣之消微。」和謝靈運《擬魏太子鄴中集詩應瑒》中的「烏林預艱阻」而已。

・岳陽樓附近的洞庭湖城樓

參考書目

┃ 一、古籍

陳壽《三國志》

蕭統《昭明文選注》

李白〈赤壁送別歌〉

杜牧〈赤壁〉

蘇軾〈前赤壁賦〉

蘇軾〈後赤壁賦〉

蘇軾〈念奴嬌〉

蘇軾〈隆中〉

顧祖禹《讀史方輿紀要》

羅貫中《三國演義》

┃ 二、近人論著

李孝聰：《中國區域歷史地理》（北京：北京大學出版社，2004 年）

俞紹初輯校：《建安七子集》（北京：中華書局，2005 年）

胡金華：《滿城漢墓：河北大考古》（石家莊：花山文藝出版社，2007）

張靖龍著：《赤壁之戰研究》（鄭州：中州古籍出版社，2004 年）

楊泓：《中國漢唐考古九講》（北京：文物出版社，2015）

萬繩楠：《冰繭彩絲集》（成都：成都出版社，1994 年）

鄭紹宗 ：《 滿城漢墓》（北京：文物出版社，2003 年）

譚其驤：《中國歷史地圖集》（北京：中國地圖出版社 ，1982-1987 年）

三國傳真 第二冊
官渡之戰與曹操稱雄北方

陳萬雄 —— 編著

策　　劃：鴻文館文化工作室
監　　製：黃景強
編著助理：李鈞杰、劉集民
責任編輯：林雪伶
裝幀設計：Sands Design Workshop
繪　　圖：劉集民、Sands Design Workshop

出版
商務印書館 (香港) 有限公司
香港筲箕灣耀興道 3 號東匯廣場 8 樓
http://www.commercialpress.com.hk

發行
香港聯合書刊物流有限公司
香港新界荃灣德士古道 220-248 號荃灣工業中心 16 樓

印刷
美雅印刷製本有限公司
香港九龍觀塘榮業街六號四樓 A 室

版次
2021 年 7 月第 1 版第 1 次印刷
©2021 商務印書館 (香港) 有限公司

ISBN 978 962 07 5888 1

Printed in Hong Kong

江上之清風，與山間之明月，耳得之而為聲，目遇之而成色，取之無禁，用之不竭，是造物者之無盡藏也，而吾與子之所共適。客喜而笑，洗盞更酌，肴核既盡，杯盤狼藉，相與枕藉乎舟中，不知東方之既白。

定之道友雅屬

丁丑初冬 試貢麻紙

西山逸士溥儒

前赤壁賦

壬戌之秋七月既望蘇子與客
泛舟遊於赤壁之下清風徐來
水波不興舉酒屬客誦明月
之詩歌窈窕之章少焉月出
於東山之上徘徊於斗牛之間白
露橫江水光接天縱一葦之
所如凌萬頃之茫然浩浩乎如馮
虛御風而不知其所止飄飄
乎如遺世獨立羽化而登仙
於是飲酒樂甚扣舷而歌之歌
曰桂棹兮蘭槳擊空明兮溯流光